Un día sin inmigrantes

Un día sin inmigrantes
Quince voces, una causa

GINA MONTANER

Coordinadora

Grijalbo

Un día sin inmigrantes

Primera edición para EE.UU., 2006

© Gina Montaner, coordinadora
© Sergio Arau, Yareli Arizmendi, Ma. Antonieta Collins, Marián de la Fuente,
  Paquito D'Rivera, Gustavo Godoy, Karla Martínez, Sanjuana Martínez, Ana V. Navarro,
  Edward James Olmos, Jorge Ramos Ávalos, Arturo S. Rodríguez, Nora Sándigo, Roberto Suro,
  Álvaro Vargas Llosa, George W. Grayson, por sus textos.

D. R. 2006, Random House Mondadori, S. A. de C. V.
    Av. Homero No. 544, Col. Chapultepec Morales,
    Del. Miguel Hidalgo, C. P. 11570, México, D. F.

www.randomhousemondadori.com.mx

Comentarios sobre la edición y contenido de este libro a:
literaria@randomhousemondadori.com.mx

ISBN: 0-307-38581-7

Impreso en México / *Printed in Mexico*

Distributed by Random House, Inc.

Índice

INTRODUCCIÓN. Quince voces 9

Cuatro preguntas y una reflexión 21

SERGIO ARAU/YARELI ARIZMENDI, Un cambio social
de gran magnitud 23

MARÍA ANTONIETA COLLINS, Llegaron buscando el sueño
americano 31

MARIÁN DE LA FUENTE, Un gigante que despertó
para reclamar justicia 37

PAQUITO D'RIVERA, La autocrítica es la mejor medicina . 47

GUSTAVO GODOY, La inmigración hispana: un nuevo
rostro de Estados Unidos 55

KARLA MARTÍNEZ, Es hora de que se escuchen
nuestras voces 63

SANJUANA MARTÍNEZ, La voluntad es clara: «legalización
para todos» 71

ANA V. NAVARRO, Lo mejor y lo peor de Washington .. 83

EDWARD JAMES OLMOS, México está perdiendo
a sus ciudadanos y su futuro 97

JORGE RAMOS, El hambre es más fuerte que el miedo ... 105

ARTURO S. RODRÍGUEZ, Al final ganaremos la batalla ... 117

NORA SÁNDIGO, Ya no somos fantasmas 123

ROBERTO SURO, Aquellos que vivían a la sombra
salieron a la luz 133

ÁLVARO VARGAS LLOSA, Una agenda hispana 139

EPÍLOGO. George W. Grayson, El voto hispano:
un factor determinante 147

INTRODUCCIÓN

GINA MONTANER

Quince voces

Todavía conservaba frescas en la memoria las impactantes imágenes del pasado 1 de mayo cuando se me encomendó coordinar el proyecto editorial de *Un día sin inmigrantes*. A la luz de las multitudinarias manifestaciones pacíficas que se sucedieron simultáneamente en las principales ciudades de Estados Unidos, era preciso dejar constancia de esta histórica jornada en un libro recopilatorio que aunara las distintas voces de quince latinos influyentes en este país. Es decir, nuestro principal objetivo era plasmar en letra impresa el auge de una serie de iniciativas que alcanzaron su punto de ebullición y efervescencia el primer día de un mes que es equivalente a primavera y reverdecimiento. No había tiempo que perder, pues se trataba de que la publicación del libro coincidiera con las celebraciones que comienzan en septiembre y se prolongan hasta octubre con motivo de los festejos de la Hispanidad, que culminan el 15 de octubre, más conocido como el Día de la Raza.

No fue difícil hallar a quince personalidades prominentes y de peso en la sociedad estadounidense porque en la actualidad sobran en todos los ámbitos: desde el mundo académico y artístico, pasando por el empresarial y el mediático. Pero el verdadero reto de *Un día sin inmigrantes* era reunir testimonios singulares, ángulos originales, puntos de vista diversos, incluso evocaciones inesperadas, que armaran una suerte de mural colectivo que pusiera en perspec-

11

tiva los eventos del 1 de mayo de 2006: cuando más de un millón de inmigrantes y simpatizantes salieron a las calles para hacer valer sus derechos, inspirados por la lucha civil de Martin Luther King y también, por qué no, al modo de la corriente de resistencia pacífica que en su día impulsara Mahatma Gandhi en las postrimerías del Imperio británico en la India.

El reto finalmente se cristalizó en el número mágico de quince voces con sus matices y modulaciones particulares: las incisivas reflexiones de Jorge Ramos, sin duda el periodista de habla hispana más influyente de Estados Unidos, que ponen contra la pared a los defensores de la agenda antiinmigrante al enfrentarlos con datos a una realidad inapelable: este grupo, en especial los latinos, no sólo no deja de llegar por oleadas, sino que su presencia se ha hecho necesaria en el panorama laboral de una nación cuyo credo económico es el de la ley de la oferta y la demanda. Algo similar esgrime el politólogo peruano Álvaro Vargas Llosa cuando precisa que la polémica propuesta de ley Sensenbrenner es una clara negación de una realidad desbordante que requiere medidas integrales y no punitivas. Pero hay quien plantea, como el actor Edward James Olmos, que la raíz del fenómeno de la inmigración —en el caso específico de los mexicanos— radica en la incapacidad de los sucesivos gobiernos de México de ofrecer un mayor espacio vital y laboral a las clases más desfavorecidas. Siguiendo esta línea de reivindicación, dos periodistas mexicanas, Karla Martínez y Sanjuana Martínez, y una española, Marián de la Fuente, evocan el 1 de mayo como un fenómeno de catarsis que habría de cambiar para siempre el papel de los latinos en su país de adopción.

Para que un fresco o mural tenga la capacidad de transmitir la veracidad de un paisaje en su totalidad, ha de incluir diversidad de tonalidades. Por eso, el testimonio de primera mano de la consultora Ana V. Navarro fue fundamental, al situarnos en el hervidero político de Washington, donde republicanos y demócratas debaten el tema migratorio sin perder de vista a su electorado, a la vez que más de uno busca el balance con los intereses de la población hispana, porque nosotros también hemos cobrado una fuerza inmensa a la hora del voto que se deposita en las urnas. Y esta «cabildera» de origen nicaragüense no estuvo sola a la hora de tener reparos frente a las medidas de boicot o consignas nacionalistas que el pasado 1 de mayo pudieron azuzar el sentimiento antiinmigrante entre muchos estadounidenses. Un músico extraordinario como el cubano Paquito D'Rivera coincide con esta percepción y Gustavo Godoy, editor de la prestigiosa revista *Vista,* se pregunta si la imagen de los latinos pudo haberse visto dañada por expresiones que al ciudadano medio de este país le pudieron parecer radicales.

Como *Un día sin inmigrantes* también bebe de las fuentes del *graffiti* —que es la expresión espontánea que nace en la calle y el barrio—, en este crisol hay voces que se alzan claramente a favor de que el 1 de mayo fuera, en verdad, un colosal acto de magia en el que los inmigrantes (legales e ilegales) pasaran de ser de calladamente invisibles a visibles y sonoros. Algo así debieron soñar el cineasta Sergio Arau y su compañera, la actriz Yareli Arizmendi, cuando en el verano de 2004 estrenaron con éxito de taquilla *Un día sin mexicanos,* una película provocativa y provocadora que, en clave de humor, propone algo que roza la ciencia-ficción: ¿qué pasaría si un buen día los inmigrantes de origen mexicano desaparecieran de California? Pues que este estado rico y próspero se sumiría en el caos y el abandono ante la falta de agricultores, meseros, jardineros o empleadas domésticas. Tal vez, sin darse cuenta, Arau Y Arizmendi sembraron la semilla que germinó en Un día sin inmigrantes el pasado 1 de mayo. Su voz, que es a dúo, tiene el vigor y la frescura de una militancia eternamente joven y rebelde.

La causa a favor de los inmigrantes no podría salir adelante si no fuera por el compromiso organizado de los activistas de nuestra comunidad. Sin ellos, nuestro mural se desdibujaría en los colores abstractos de las ideas. Porque es la nitidez de las gestiones de activistas como Nora Sándigo, al frente de Fraternidad Nicaragüense, Roberto Suro, director del Pew Hispanic Center, o Arturo Rodríguez, presidente del United Farm Workers of America, la que desentraña burocracias para inmigrantes indefensos. Son ellos, con sus campañas de información, educación y recopilación de datos, los que protegen al recién llegado, velan por los trabajadores y tocan a las puertas de Washington las veces que haga falta para pelear por los intereses de los latinos. Sus voces, que mucho le deben a un pionero de la causa como César Chávez, le confieren a Un día sin inmigrantes el peso de lo tangible y concreto.

Al principio de esta introducción mencioné que no faltó la evocación inesperada. Curiosamente, vino de la mano de una periodista que lidia con la actualidad del día a día: cuando María Antonieta Collins, rostro emblemático de la cadena Telemundo, envió su colaboración, mencionó la palabra «sorpresa». En efecto, en esta ocasión su voz sirvió de médium y al recordar la odisea de sus abuelos hizo un viaje de ida y vuelta del pasado al presente. El 1 de mayo de 2006 no faltaron los colores de la melancolía y reminiscencias por los que vinieron mucho antes y despejaron el pedregoso camino del inmigrante.

Con el propósito de poner en contexto estos quince testimonios, al final de Un día sin inmigrantes el profesor y académico

George W. Grayson expone por medio del análisis y los datos la complejidad del debate migratorio que en estos momentos se libra en Estados Unidos.

El Gran Debate

¿Por qué Un día sin inmigrantes? Según Roberto Suro, los eventos del 1 de mayo fueron más una respuesta a una realidad circundante que un gesto de afirmación. La propuesta de ley Sensebrenner, presentada en la Cámara de Representantes, abogaba por la persecución y posterior deportación de los más de 11 millones de inmigrantes ilegales que actualmente viven y trabajan de manera irregular en Estados Unidos. Políticos de origen latino y comprometidos como Ken Salazar, Luis Gutiérrez, Bill Richardson, Bob Menéndez o el alcalde de Los Ángeles, Antonio Villarraigosa, encontraron aliados en figuras como Ted Kennedy, John McCain o Bill Frist, para contrarrestar un creciente movimiento que parece apelar a un sentimiento antiinmigrante y de exaltación nacionalista.

A su vez, cuando los inmigrantes tomaron las calles de manera pacífica para hacerse sentir, el Senado discutía acaloradamente el tema migratorio, en busca de un consenso entre quienes pretendían impulsar una propuesta de reforma migratoria que contemplara la amnistía de millones de inmigrantes ilegales y medidas de integración ordenada, y aquellos que querían bloquear esta propuesta y dar carta blanca a la versión de la Cámara de Representantes. En medio de la batalla política entre demócratas, republicanos moderados y radicales, el presidente Bush afirmaba estar de parte de la causa de los inmigrantes, pero, en la línea del pre-

sentador de CNN Lou Dobbs, insistía en el refuerzo de la frontera con México con un contingente de guardias fronterizos y la
construcción de un gran muro que contenga al Sur.

A finales de mayo, el Senado aprobó una propuesta de ley que
incluía un programa de trabajo temporal para los inmigrantes y la
posibilidad de acceder a la ciudadanía estadounidense de acuerdo
con ciertos requisitos. Ahora bien, como contrapartida, se ratificó
el envío de 6 000 guardias nacionales a la frontera y la adición de
320 millas de alambrada para dificultar el ingreso a territorio nacional. De todas las medidas aprobadas, la que más llamó la atención
fue la proclamación del inglés como idioma «nacional». Algo que,
entre muchos activistas, se interpretó como una reacción coerci-
tiva frente a la versión en español del himno americano que una
serie de artistas latinos grabaron a modo de homenaje a esta nación
como parte de los eventos del 1 de mayo. Bush, a diferencia de la
secretaria de Estado Condoleezza Rice, se mostró contrario a tra-
ducir el canto nacional.

El volumen de las marchas, así como la voluntad de los latinos
por tomar acción sin temor a posibles represalias, le sirvió de coar-
tada a más de un político para lanzar iniciativas que parecen querer
defender los «valores» de la nación americana frente a una supues-
ta irreverencia por parte de los activistas que organizaron las protestas. Es preciso recordar que más de un millón de manifestantes
—la mayoría de origen hispano— se asomaron a las calles. En Chicago la policía calculó que hubo 400 000 participantes. En Denver se
barajó la cifra de 75 000 y en Los Ángeles la cadena NBC informó
que en el *downtown* se dieron cita unas 600 000 personas. Aunque
abundaron las pancartas con mensajes como «Somos parte de América» y proclamas a favor de Estados Unidos, sus detractores sólo
se fijaron en las banderas de sus países de origen que algunos de los

participantes exhibieron con orgullo. Un gesto que fue interpretado como una afrenta a la nación que los había acogido.

El debate migratorio sigue sobre la mesa y el próximo paso consiste en que tanto el Senado como la Cámara de Representantes elijan a los consultores y representantes hasta llegar a un acuerdo, lo cual puede tomar meses.

¿Quiénes somos?

En la edición de abril/marzo de 2004 la revista *Foreign Affairs* publicó un artículo del politólogo estadounidense Samuel Huntington titulado «The Hispanic Challenge» («El reto hispano»). Dicho trabajo levantó ampollas y crispó el tono en torno al debate migratorio. El reputado autor del libro *El choque de civilizaciones,* afirmaba en su análisis que los hispanos, sobre todo los mexicanos, no son «asimilables» a la cultura y sociedad estadounidense. ¿A qué podía deberse esta fatalidad determinista? Según Huntington, porque se sienten cómodos con su propia cultura, se aglomeran en barrios aislados y rechazan la cultura americana. Un dato que, de ser cierto, y de acuerdo con el prestigioso profesor de Harvard, pone en peligro los valores angloamericanos. Aunque Huntington reconocía que 90 por ciento de la segunda generación de mexicoamericanos habla inglés fluidamente, el hecho de que aún conservan el español les impide la asimilación total. Es decir, la preservación de la cultura, valores e idioma de nuestros antepasados es vista por Huntington como una amenaza que debilita la idiosincrasia angloamericana. Una propiedad «nociva» de la que exonera a otras minorías que se han instalado en Estados Unidos en el pasado.

Las estadísticas no le dan la razón a las peligrosas y alarmistas teorías del señor Huntington. Según datos del Pew Hispanic Center, veinte millones de hispanos viven en barrios mayoritariamente no hispanos y quienes residen en áreas de gran concentración hispana suelen convivir con otros grupos. Un estudio de Pew, en colaboración con la Henry J. Kaiser Family Foundation, que se llevó a cabo entre 2003 y 2004, arrojó lo siguiente: 57 por ciento de latinos cree que los inmigrantes deben hablar inglés para formar parte de la sociedad estadounidense, frente a 41 por ciento que no lo cree necesario. Además, en contra del estereotipo que predomina, la mayoría de los inmigrantes ilegales (son unos 11 millones) vive en núcleos familiares, un cuarto de ellos tiene al menos algún tipo de educación universitaria y desempeña una labor en uno de los sectores de la economía de Estados Unidos. Entre 2000 y 2020 el número de latinos de segunda generación que ingresará en el colegio se duplicará y en el ámbito laboral se triplicará.

Algo muy diferente es que a Huntington y a sus seguidores los asusten otras cifras reales e ineludibles: somos más de cincuenta millones (incluyendo a los ilegales) y en el año 2125 habrá más hispanos que blancos (no hispanos). No sólo somos la minoría con mayor ritmo de crecimiento, sino la más numerosa de Estados Unidos.

Epílogo

Quiero pensar que de aquí a unos años la corriente tremendista que invoca al pánico y la xenofobia frente a la realidad de una creciente presencia e implantación latina en la sociedad estadounidense no será más que un episodio anecdótico del pasado. Como ahora nos los parecen el Acto de Exclusión China de 1882 y las «cuotas» de entrada de 1929. Medidas que buscaban preservar la «impronta» de Europa del Norte frente a la llegada de italianos y judíos que provenían del Viejo Continente. ¿Acaso ya nadie recuerda que en el siglo XIX en ciudades del norte de Estados Unidos como Chicago el idioma que predominaba era el alemán y las escuelas eran bilingües?

En declaraciones recientes al *New York Times,* el académico y experto en inmigración Aristide R. Zolberg asegura que hoy, más que nunca, la política de expulsión periódica de los trabajadores ilegales es poco factible por una sencilla razón: la naturalización de millones de latinos, incluidos los que recibieron la amnistía en 1986, ha cambiado el panorama: «Los mexicanos y otros latinos actualmente están en la misma situación de los italianos y judíos en los años veinte y treinta». Es decir, cuando ya gozaban de mayor influencia en las urnas porque cada vez era mayor el número de personas del mismo origen que podían hacer valer su voz y su voto.

El 1 de mayo de 2006, mundialmente conocido como Un día sin inmigrantes, le tomó el pulso a una sociedad que, como todas las que pertenecen al mundo desarrollado, oscila entre el temor y desconocimiento y la compasión y generosidad frente al extranjero que, con su trabajo y esfuerzo, sueña con una mejor vida. «La frontera es tu imaginación» dice una letra del cantante español Alejandro Sanz. Lo demás son sólo muros que levantan hombres de carne y hueso.

Cuatro preguntas y una reflexión

Las personalidades que accedieron a colaborar con el proyecto editorial de *Un día sin inmigrantes* recibieron un cuestionario con cuatro preguntas que, sobre todo, pretendía ser una guía para la elaboración de un texto libre en el que se les invitó a incluir cualquier reflexión que, a su juicio, arrojara luz sobre el fenómeno de la inmigración.

1. ¿Cómo ha observado o vivido las movilizaciones en apoyo de los inmigrantes ilegales que culminaron el 1 de mayo? ¿Tiene alguna anécdota personal que merezca la pena compartir?

2. ¿Qué efecto cree que tendrán las marchas, boicots y actividades que se celebraron el 1 de mayo?

3. Teniendo en cuenta las dos propuestas de ley (Sensenbrenner y la reciente del Senado) que deberán homologarse para su aprobación, ¿qué retos afrontan los inmigrantes ilegales y cómo afectan a la comunidad hispana?

4. ¿Cuáles cree que son las principales contribuciones de los hispanos inmigrantes a Estados Unidos?

FOTO: LISA BEVIS

SERGIO ARAU Y YARELI ARIZMENDI

SERGIO ARAU nació en la Ciudad de México y cursó estudios de posgrado en cine en el Centro de Estudios Cinematográficos (CUEC) en la misma ciudad. Dirigió y produjo el largometraje *Un día sin mexicanos,* éxito de taquilla desde su estreno en Estados Unidos el 14 de mayo de 2004. Por su labor conjunta en esta película, Sergio y su esposa, la actriz Yareli Arizmendi, fueron entrevistados en diversos medios, desde *The Wall Street Journal, Los Angeles Times* y *The San Francisco Chronicle* hasta la National Public Radio, la CNN y el informativo de Dan Rather en la CBS, entre otros.

Reconocido como artista plástico y caricaturista político, se le concedió el Coral de Plata en el Festival de Cine de La Habana por su corto de animación *El muro* (2001). En 1983 fundó el grupo musical Botellita de Jerez, que fusionaba el humor y la música tradicional mexicana con los ritmos del *rock'n'roll.* En 1998 ganó el premio MTV por el tema *Alármala de tos,* del grupo Café Tacuba. Su tira cómica *El muro* fue galardonada con el primer premio en la edición XVIII del Salón Internacional de Caricaturas que se celebra en Montreal, Canadá.

YARELI ARIZMENDI, conocida por su papel de Rosaura en *Como agua para chocolate* y el de Lila Rodríguez en *Un día sin mexicanos,* obtuvo una licenciatura en ciencias políticas y una maestría en teatro en la Universidad de California en San Diego. Recibió una beca de posgrado y posteriormente el Premio al Mérito de la Fundación Grace Kelly.

Su trabajo como invitada especial en programas de la televisión norteamericana es extenso: *24, House, Medium,* LAX y *Six Feet Under,* entre otros. De sus películas recientes está orgullosa de *Fast Food Nation,* dirigida por Rick Linklater.

Durante su carrera universitaria trabajó en el Old Globe Theatre traduciendo y poniendo en escena obras latinoamericanas, además de desarrollar el programa bilingüe In-Schools. Durante esa época trabajó con otras compañías teatrales, entre ellas El Teatro Campesino de Luis Valdez, El Teatro de la Esperanza, La Jolla Playhouse, el San Diego Rep y el Border Art Workshop.

Ha prestado su voz para un gran número de campañas de concienciación contra el abuso de menores, la propagación del sida y la intoxicación por plomo. Yareli ha narrado varios audiolibros como *El alquimista, Como agua para chocolate* y *La ley del amor.*

Nacida en la Ciudad de México, desde 1983 vive en California.

Un cambio social de gran magnitud

Sergio y yo salimos a la calle desde la primera marcha. La del 25 de marzo fue mágica. En Los Ángeles tomamos las calles, pero con mucho cariño. Parecía un carnaval vestido de blanco con familias enteras marchando con la abuela, el que llegó ayer, la que lleva 25 años de este lado, los que nacieron acá y no conocen El Salvador, México, Guatemala o Perú. La ciudad era nuestra y la compartíamos sin dividirnos; cabíamos todos. Ahí fue cuando, al vernos y reconocernos, cambiaron las cosas para siempre.

Nosotros llevamos doce años soñando con lo que se hizo realidad el 1 de mayo de 2006. El sentimiento que parió nuestra película, *Un día sin mexicanos,* se gestó en 1994 como reacción a la famosa Propuesta 187 emitida por Pete Wilson como parte de su campaña de reelección. La economía californiana no andaba bien y los inmigrantes indocumentados eran el chivo expiatorio perfecto. ¿Quién los defendería? Wilson logró crear un ambiente antiinmigrante declarando que el estado gastaba tres mil millones de dólares en educación y servicios para esta gente, que no se lo merecía, y que esto causaba todos los males de California. Nosotros saltamos al oír el argumento: «¿Por qué no dice que estos mismos indocumentados producen 98 mil millones de dólares para el estado, lo que hace de California la sexta economía mundial?» Era obvio que de querer aclarar el dato, la tarea nos tocaría a nosotros. Fue así como nació el corto *Un día sin mexicanos,* dedicado al mismísimo Pete Wilson «por inspirarnos y obligarnos a crearlo». Se lo enviamos envuelto para regalo en la Navidad de 1997. Sabemos que lo recibió —tenemos el acuse de recibo—, pero ni cartita de «gracias» nos mandó. Y se entiende que no estuviera con ganas de celebrar, pues la famosa Propuesta 187 había sido revocada y su efecto antiinmigrante sólo logró que la comunidad hispana formalizara su estatus migratorio. Miles de inmigrantes que llevaban más de diez, quince, veinte o treinta años viviendo acá, pero aferrados al pasaporte de su país de origen, se nacionalizaron gringos. Me incluyo.

Los millones de nuevos ciudadanos conformaron el ahora codiciado «voto latino», ése por el cual los políticos se pelean y hasta están dispuestos a hablar español.

Nos referimos a todo esto porque Sensenbrenner y su propuesta migratoria representan a escala nacional lo que Wilson y la 187 representaron para California. Gracias a lo extremoso de sus términos —insistir en convertir a los indocumentados y sus «aliados» en criminales y exigir que la población civil se vuelvan informantes obligados a denunciar al vecino si sospechan que está violando las leyes migratorias—, provocó que la reacción de los implicados fuera inesperada y monumental.

El efecto del 1 de mayo se sintió desde antes de que llegara la fecha. La invisibilidad de nuestra población ya no existía. Habíamos logrado «hacer visible lo invisible» con el simple hecho de proponer desaparecer como trabajadores y consumidores para hacer valer nuestra presencia. Fue el acto poético que encendió la llama de nuestra Olimpiada; la llama que revivió el movimiento por los derechos civiles que inició Martin Luther King, así como el movimiento laboral (por la jornada de ocho horas) que se originó el 1 de mayo de 1886 en Chicago. Y claro que encender esa llama es como abrir la caja de Pandora: lo mejor y lo peor se hace presente. Un cambio social de esta magnitud no es cómodo. Es peligroso. ¿A quién sorprende que los indecisos y miedosos insistieran en que nos iba a ir peor si hacíamos ruido? Pero como dijeron muchos cuando se divulgó el contenido y los términos de la ley Sensenbrenner: «Ahora sí se pasaron, nos insultaron y estamos profundamente ofendidos».

El tachar de criminales a los seres humanos que, expulsados por las economías vendidas de sus países, le entregan a Estados Unidos su sudor y sus sueños era atentar contra lo único que los mantiene en pie: su dignidad. Y recordando lo que dijo Emiliano Zapata, «Más vale morir de pie que vivir de rodillas», la dignidad se dio cita en la calle. Increíble fue la solidaridad de muchos jefes con sus trabajadores, de los ciudadanos con los inmigrantes, de los negros con los coreanos, vietnamitas y latinos. Ese salir a pelear por lo justo, para defender y proteger al que está siendo atacado, entendiendo que al defender los derechos de algunos protegemos la dignidad de todos, fue espectacular. Ese día hubo participantes y observadores. Para los participantes, el sentirse parte de un grupo unido por un mismo objetivo y abrigarse uno con el otro fue una experiencia que les cambió la vida. Sin exagerar, les cambió la forma de caminar en el mundo, de pertenecer. Entendimos que la realidad no es lo que es, que la podemos transformar. Para los observadores, entender que sí, que en efecto somos muchos latinos y que, además, contamos con muchos aliados, los asustó. Y ese susto los lleva a acciones desesperadas: redadas de trabajadores, cacerías en la frontera, muros, leyes, acusaciones. En este preciso momento, ser indocumentado en Estados Unidos debe de resultar muy difícil. Y nos toca a los que ya pasamos la etapa de los papeles dar la cara por los que por estrategia se deben esconder. No podemos dejar que se apague la llama. Sería como tirar a la basura el corazón de todos y eso es de cobardes.

Al grito de «Sí se puede» salimos todos a la calle. Pero la gran pregunta que tenemos que plantearnos es «Sí se puede... ¿qué?»

Llevamos años peleando por que nos vean. Pues por fin lo logramos. Las miradas están fijas en nosotros. Ellos, los que tienen experiencia en el poder, en decirnos cómo y cuándo en teoría serán las cosas, saben qué quieren. Nosotros, los que tenemos experiencia en vivir el cómo y cuándo en realidad son las cosas, no sabemos qué pedir. Es una coyuntura histórica importante. Ahora sí tenemos gente en posiciones clave con posibilidad de exigir y dirigir: senadores, diputados, abogados, empresarios, maestros, artistas, médicos y líderes comunitarios. Es un momento en que la oportunidad de definir nuestro destino está tocando a la puerta. Debemos abrirle e invitarla a pasar; dar los primeros pasos hacia una toma de poder. Apoyémonos en los pensadores que vinieron antes, los que ya anduvieron por estos caminos. Es un momento creativo: exige imaginar lo que puede ser y concretar el cómo hacerlo realidad. Sepamos cómo pedir ayuda, cómo escuchar a los que viven la realidad de la que hablamos, pero que tal vez no todos sufrimos en carne propia. Es difícil enfrentarse a una sociedad con sus propias mentiras e hipocresías, pero el hecho es que el *American way of life* está montado sobre las espaldas de una fuerza laboral indocumentada: los ilegales. Y no sólo eso, la economía global de la cual Estados Unidos es líder requiere una fuerza laboral mal pagada y explotada que se traduzca en ganancias estratosféricas para los dueños internacionales y en un sinfín de productos que sacien el hambre del consumidor. El mundo está cambiando de manera definitiva: la estructura económica y social se ha transformado. Los «Sensenbrenner» del mundo intentan tapar el sol con un dedo. Quieren tranquilizar y convencer a sus ciudadanos desempleados de que pueden hacer algo por detener el cambio que prácticamente ya sucedió. Este movimiento tiene la necesidad y la obligación de abrirles los ojos a los que no quieren ver. Pero antes de hacer eso, o tal vez al mismo tiempo, habría que tener una clara visión de qué ofrecerles. Porque «sí se puede», siempre y cuando se sepa «qué se quiere».

La principal contribución de la comunidad inmigrante en Estados Unidos es precisamente su espíritu inmigrante. Cuando uno emigra, uno escoge. Ya sea obligado por el hambre o las circunstancias, o por deseo, uno decide colgarse la maleta al hombro y andar. Poco se parece a la experiencia de nacer en un lugar, a gusto de que el mundo sea como es y no sentir necesidad de cambiar de entorno. El que emigra conoce los extremos, los límites que lo hicieron pensar que tenía que haber otra forma de vivir; el que emigra jura y promete no descansar hasta encontrarla. Por eso no hay mejor trabajador que un inmigrante. En él o ella se mezclan las ganas de triunfar, la gratitud por haber encontrado una oportunidad y la responsabilidad hacia los que esperan noticias del Edén.

Latinoamérica es una cultura muy compleja y completa. El inmigrante latinoamericano ofrece una renovación de valores que parecen haberse extinguido en la sociedad estadounidense. ¿Por qué? Porque en Estados Unidos la gente vive para trabajar, y en nuestros países, hasta ahora, se trabaja para vivir. Como decía Ernesto Sábato de la relación entre Latinoamérica y los «gringos»: «Si se dejan, los vamos a salvar». Es curioso que muchas de las tareas que desempeñan los inmigrantes hispanos suponen administrar atención, nutrición y cariño: nanas, acompañantes de gente mayor, enfermeras, cocineros, agricultores que cosechan los productos que otros enlatan, mientras otros más empacan huevos y ordeñan vacas.

Si le preguntáramos a un «gringo» cuál es la mayor aportación de los hispanos, nueve de cada diez contestarían *Mexican food*. La quesadilla ha desplazado al *macaroni & cheese* al instalarse como la reina del paladar infantil del país. La comida y todo lo que implica en nuestras diversas culturas es un regalo que hemos compartido con Estados Unidos y el mundo. Pero todos sabemos que es de mala educación no agradecerle al cocinero su trabajo y levantarse antes de que terminen los demás. ¿Podrá Estados Unidos aprender a darnos las gracias o ya de perdida un *thank you*?

MARÍA ANTONIETA COLLINS

MARÍA ANTONIETA COLLINS es presentadora del programa matutino *Cada día con María Antonieta,* que se transmite de lunes a viernes por la cadena Telemundo. A lo largo de 32 años de oficio periodístico, iniciados en la cadena mexicana Televisa, ha cubierto las noticias más importantes de tres décadas, lo que le ha valido numerosas distinciones, entre ellas, dos premios Emmy nacionales y el Edward Murrow Award.

Su larga carrera, estilo coloquial y rostro familiar para los televidentes la mantuvieron durante más de once años al frente del *Noticiero Univisión Fin de Semana* y, al mismo tiempo, como corresponsal principal del programa de investigación *Aquí y ahora,* de la cadena Univisión, donde trabajó casi veinte años.

Autora de cinco libros sobre la vida cotidiana, Collins, nacida en Veracruz, México, también es activista en favor de los animales víctimas de abuso. Casada y madre de tres hijos, vive con su familia en Miami.

Llegaron buscando el sueño americano

Año: 1924.

Lugar: Frontera entre México y Estados Unidos, en Tijuana.

Personajes: Un hombre y una mujer de 20 y 18 años: él, carpintero de oficio; ella, maestra de escuela. Cada uno carga con dos bolsas pequeñas donde llevan todas sus pertenencias. Con ellas en la mano llegan frente al agente de Inmigración en el cruce hacia San Diego. Aquella garita, hoy la mayor que Estados Unidos tiene en el mundo, pero en ese entonces de sólo dos carriles de entrada, fue testigo de cómo aquellos jóvenes comenzaron a responder las preguntas del agente norteamericano.

—¿De dónde son?

—De Sonora, México.

—¿Cómo se llaman?

—Carlos Flores y Herlinda Saavedra.

—¿A dónde van?

—A Los Ángeles.

—¿A qué?

—A trabajar.

—¿En qué?

—En lo que nos necesiten.

—Pasen ustedes —fue la respuesta.

Este diálogo, hoy inimaginable entre indocumentados y un agente de Inmigración, habría quedado en el olvido de no ser porque la pareja de jóvenes iba acompañada por el hermano de la mujer, quien junto con ellos cruzó entonces a Estados Unidos para «hacer» su vida y siempre conservó en su recuerdo aquella escena.

Ya instalados en Los Ángeles, en una humilde casa de la zona de Adams, cerca de la iglesia de San Vicente de Paúl, en pleno corazón de la ciudad, durante seis años los tres trabajaron casi veinte horas al día para sobrevivir. Carlos fabricaba gabinetes de madera; Herlinda, por su parte, al no poder revalidar sus estudios de maestra, aprendió el oficio de estilista de belleza y empezó a arreglar a mexicanas como ella, con muchas ganas de verse bien a pesar de tener poco dinero.

Carlos y Herlinda se casaron en 1926, y dos años después, en 1928, tuvieron una hija. La vida transcurrió durante dos años al igual que sucedía con decenas de mexicanos en Los Ángeles: el dinero alcanzaba poco, no salían mucho a la calle porque las cosas habían cambiado y la «migra» comenzaba a perseguir mexicanos para devolverlos a su tierra. Pero a ellos no les importaban las carencias porque con lo que tenían eran felices… hasta que la desgracia tocó a su puerta.

Un domingo de 1930, en una de las pocas ocasiones en que pudieron salir a divertirse, Carlos y Herlinda decidieron ir con amigos a un día de campo fuera de la ciudad. Aunque el trayecto era en auto, iban preocupados: no habían podido llevar a su hija porque la bebé, entonces de dos años, tenía fiebre a causa de una gripe. «No le va a pasar nada», repetía el padre. «No te preocupes mujer, que al fin y al cabo la niña se queda con su madrina. ¿Quién mejor que ella para cuidarla?»

Pero los Flores nunca más volvieron, ni por la pequeña, ni a la humilde casa de la calle de Adams. Aquel domingo Carlos y

Herlinda Flores murieron en un accidente de tránsito y su hija quedó huérfana.

Los atribulados parientes, traumatizados con la tragedia, llegaron por ella a Los Ángeles para llevarla finalmente a vivir a Sonora, México, la tierra de sus padres, donde creció sin las oportunidades que ellos habían soñado para la pequeña.

Cuando pienso en esta historia y recorro los caminos que a diario seguramente hacía Carlos Flores, no puedo menos que pensar en los miles que han vivido lo mismo. Y les hablo en presente y les cuento cómo son las cosas en la ciudad que tanto amaron. Les cuento lo mucho que ha cambiado Los Ángeles, y cómo hasta la construcción del *freeway* de Santa Mónica borró del mapa la que fue su casa. También que la madrina de la niña murió de vieja y sin haber visto nunca más a su ahijada. Sigo narrándoles en una carta imaginaria que The Pantry, el viejo restaurante en la calle Sepúlveda, en el centro (donde en varias ocasiones celebraron festejos como una comida para diez personas después de su boda), todavía está abierto y con un par de meseros octogenarios que quizá en algunas ocasiones los atendieron.

Les digo —porque estoy segura de que les habría dolido saberlo— que a los indocumentados que como ellos llegaron a trabajar poco a poco los fueron cercando, atrapando y deportando, pero también les he contado cómo en 2006 miles salieron a las calles a pedir justicia y a exigir que no los tomen por criminales.

En esta catarsis de puño y letra sigo contándoles cómo esas dos marchas gigantescas que se repitieron en todo Estados Unidos escribieron la historia moderna de la lucha por los derechos de la gente de bien.

No puedo dejar de escribirles que los imagino. Que imagino a Carlos Flores y a Herlinda, su mujer, junto a su hija y sus nietos, todos mayores, asistiendo a cientos de marchas y pidiendo derechos para quienes hoy no los tienen.

Pero de pronto vuelvo a la realidad.

Sé que ellos ya no pudieron ver nada de lo que nosotros hemos atestiguado con orgullo: no pudieron ver el valor, el coraje y la dignidad de quienes hoy son millones y que, como ellos, llegaron buscando el sueño americano.

Pero me detengo por un instante en esa carta imaginaria y les hago ver, especialmente a ellos dos, que no todo lo perdieron aquel día en que la muerte los sorprendió en el accidente. Si bien ellos no pudieron ver lo suyo realizado, setenta años después aquí estoy yo en su nombre.

Carlos Flores Espinoza y Herlinda Saavedra de Flores eran mis abuelos, cuyos rostros nunca pude conocer y sólo he tenido el consuelo de imaginar.

Carlos y Herlinda Flores, fallecidos a los 26 y 24 años de edad, respectivamente, son la razón por la que me solidarizo con el dolor y la lucha de millones de indocumentados. En nombre de mis abuelos, que un día también lo fueron, estoy aquí y estoy con ellos.

MARIÁN DE LA FUENTE

MARIÁN DE LA FUENTE es periodista egresada de la Universidad Complutense de Madrid, y ganadora de un Emmy. Empezó su carrera en 1990 en el informativo *Entre hoy y mañana,* de la cadena Telecinco de su España natal. Fue presentadora del programa matutino *Hoy en el mundo,* presentadora principal de noticias de Telemundo Network y *senior anchor* en diferentes programas de Telemundo Internacional desde 1994, año en que emigró a Estados Unidos para ser conductora en TeleNoticias, la primera cadena de noticias las 24 horas en español. Ha entrevistado a los principales mandatarios y grandes personalidades de Latinoamérica y Europa. También ha cubierto acontecimientos de importancia mundial, como las guerras del Golfo Pérsico y de Bosnia, los ataques terroristas del 11 de septiembre de 2001 y los principales encuentros electorales del mundo. En 2004 presentó su libro *El gigante de los pies de barro,* en el que relata una historia desconocida del 11 de septiembre, revela sus experiencias en el momento de informar sobre el ataque terrorista y narra el desarrollo de estos hechos.

Un gigante que despertó
para reclamar justicia

Para gran parte de los hispanos que vivimos en este país, los acontecimientos del 1 de mayo, además de crear conciencia colectiva, serán una página en el libro de nuestra historia personal. Una página en la que se podrá leer con mayúsculas que el gigante dormido se despertó cuando cientos de miles de ciudadanos decidieron salir de las sombras y declarar a pleno sol que ya no son invisibles. En mi página personal fue una vista atrás a ese septiembre de 1994 en que llegué con mi maleta cargada de sueños a trabajar y vivir en este país; un recorrido por los callejones oscuros, a veces plagados de barreras, y una satisfacción al constatar que con tiempo, dedicación y esfuerzo, pude ir viendo la luz hasta llegar a mi meta.

Curiosamente, ese 1 de mayo observé las movilizaciones desde el otro lado del escritorio, tratando de ser objetiva con mis informes. ¿Quién hubiera dicho que esa fecha, tan recordada en el mundo y sin ninguna conmemoración aquí —a pesar de ser el país donde se originaron, en el Chicago de 1886, los disturbios que acabaron con la vida de los obreros textiles que reclamaban la reducción de su extenuante jornada laboral—, iba a serlo cuando miles y miles de personas abarrotaran las calles en busca de un reconocimiento legal a sus sacrificios y esfuerzos? No podía dejar de pensar en la idea básica: un Estados Unidos sin inmigrantes era para mí inimaginable, una página en blanco. ¿Quién no tiene en este país hijos, nietos o bisnietos inmigrantes, un vecino o un amigo inmigrante? ¿Quién que viva aquí no ha escuchado el drama humano de tantos cubanos, mexicanos, centroamericanos, que se juegan la vida en una balsa o bajo el sol infernal del desierto en busca del sueño americano? ¿Quién no ha convivido, aunque sólo sea por unos minutos, con un jardinero, una mucama, un camarero, un barrendero o una maquiladora que, exhaustos, hacen el trabajo que muchos no quieren? No cabe ninguna duda de que ver el periplo de banderas multicolores portando el estandarte estadounidense era una lección para todos aquellos que durante años se han aprovechado de las necesidades más básicas de estas personas sin otorgarles ningún derecho; una lección que acaba de comenzar a dictarse, pero que está aún muy lejos de ser aprendida y mucho más lejos de formar parte de los libros de texto.

Aunque las movilizaciones y boicots tuvieron un carácter histórico por la valentía y coraje de miles y miles de ciudadanos que durante mucho tiempo habían permanecido invisibles, lamentablemente creo que las repercusiones no serán tan favorables a corto plazo como nos gustaría. Más allá del impresionante gesto humanitario, la solidaridad y el poder de convocatoria de los hispanos, las manifestaciones lograron poner en primer plano la necesidad de una reforma migratoria que otorgue derechos a los ilegales, pero aún estamos muy lejos de cantar victoria; muy lejos de que este gobierno otorgue una amnistía a todos los «sin papeles»; muy lejos de que haya igualdad de derechos para los que trabajan por sueldos miserables, y más lejos aún de que las empresas dejen de «premiarse» con una fuerza laboral vulnerable de mano de obra barata a la que además le deniegan protección igualitaria ante la ley. La razón es obvia: en un país donde prima la proclama de *business is business* no hay lugar para abrazar las peticiones de los más débiles contra los intereses económicos de los poderosos. A fin de cuentas, ¿no son razones económicas las que mueven los hilos de la política de Washington? ¿No son esas mismas razones las que hacen a muchos políticos como el señor Sensenbrenner ver a quienes le han podado el césped, cuidado a sus hijos, puesto gasolina a su coche y recogido su basura, como criminales de la noche a la mañana? La hipocresía de estos pseudodefensores de la legalidad raya en lo ridículo.

Tanto o más ridículo que la hipocresía de algunos de los gobiernos que representan a los indocumentados en sus países de origen. Después de ver el drama de estos millones de personas, que sólo luchan por la oportunidad de trabajar en condiciones de igualdad, de ser considerados ciudadanos y no delincuentes, y observar lo que arriesgan y dejan en el camino por el solo hecho de aspirar a una vida mejor para los suyos, es totalmente imprescindible hacer una especie de «parada técnica» en la política y la moralidad de los gobiernos que exigen a los demás lo que son incapaces de hacer en su propio territorio, aun a sabiendas de que esa postura perjudica las reivindicaciones de sus propios ciudadanos.

En el caso concreto de México, ya que es esa población la que mayoritariamente emigra a Estados Unidos, ¿con qué autoridad moral exige el gobierno de ese país a los estadounidenses un trato justo para los inmigrantes ilegales cuando estamos hartos de enumerar casos en que hermanos cubanos llegan a su territorio arriesgando la vida y sin ninguna misericordia los devuelven a la isla aun a sabiendas del futuro que los espera? ¿Cuando todos los días cientos de hermanos nicaragüenses, guatemaltecos, salvadoreños se juegan su futuro en Estados Unidos mucho antes de llegar a la frontera, al atravesar territorio mexicano, donde los interceptan, son víctimas de las mafias y la corrupción y finalmente los devuelven a sus países? ¿Cuando el gobierno de México es uno de los más duros para otorgar visas a los extranjeros que quieren trabajar o residir en ese país?

No cabe duda que en estos casos ayudaría mucho a mis hermanos mexicanos ilegales que su gobierno predicara con el ejemplo y no siguiera lavándose las manos como Poncio Pilatos ante un problema y un sufrimiento humano de magnitud inimaginable, del que en gran parte es culpable por no sentar las bases en su país para que sus niños, sus madres, sus padres, sus propios hermanos no tengan que seguir jugándose la vida a manos de los inescrupulosos polleros o bajo el sol del desierto. Pero crear empleos, acabar con la desigualdad de clases e impedir el acaparamiento de la riqueza está muy lejos de lograrse en las sociedades modernas donde se alza la voz con las manos en los bolsillos. Gritar en la plaza lo que somos incapaces de solucionar en casa es contradictorio e inmoral, pero hay que pensar que tal vez así es la política que nos rodea... una especie de tragicomedia puesta en escena donde los personajes más importantes de la obra son los condenados a seguir sufriendo en busca de un final feliz.

Ese 1 de mayo fuimos testigos de un hecho histórico, de un gigante que despertó para, con las manos vacías y el corazón lleno, reclamar justicia. Su causa es, como la de muchos de nosotros, que se escuchen sus reclamos y se valore de forma sincera su colaboración al desarrollo de este país. Como decían muchas pancartas ese día: «Nosotros también somos Estados Unidos». La gente arriesga la vida para trabajar y alimentar a su familia, no para hacerle daño a nadie. El deseo principal es obedecer las reglas y las leyes, siempre y cuando esas leyes sean justas para todos y no dependan del color de la piel. El deseo es demostrar que, si bien Estados Unidos tiene el derecho de proteger sus fronteras como haría cualquiera de los nuestros para tener un control de los que llegan y evitar que puedan penetrarlas individuos con intenciones de hacer daño, quienes hoy hacen escuchar sus voces son gente de bien que únicamente quiere la oportunidad de demostrarlo.

«Gracias, HR 4437, por reunirnos.» Este texto, de una humilde pancarta sostenida por un jornalero oriundo del Distrito Federal, resume, a mi juicio, el efecto de esta polémica ley en la comunidad hispana. En un momento en que la archiconocida *Guerra de las galaxias* se lleva el mérito de llamar de forma similar a alguno de sus androides C3PO y R2D2, el malo, malísimo Darth Vader cobra vida en la figura de James Sensenbrenner, quien empuja al lado oscuro a millones de personas. Gracias a su «brillante» propuesta, conocida como HR 4437, a los inmigrantes indocumentados se les consideraría «serios criminales», lo mismo que a los patrones que los contraten y trabajadores sociales o cualquier individuo u organización que los provea de asistencia, incluidos hospitales e iglesias. Esta propuesta fue el insulto final y una vía de escape a la cólera contenida durante años que se transformó en esas ya famosas manifestaciones del 1 de mayo. En Milwaukee, Wisconsin, distrito al que representa el congresista Sensenbrenner, los inmigrantes indocumentados y sus simpatizantes se lanzaron de forma masiva a las calles siguiendo el ejemplo de otras grandes ciudades del país: un ejemplo de que aunque los políticos del *establishment* no habían hallado ninguna oposición real, los más indefensos, los grupos de base, tomaron la iniciativa y lograron un apoyo masivo.

Los demócratas, en respuesta esquizofrénica, ceden ante las exigencias de mano dura contra los inmigrantes a la vez que tratan de recabar su apoyo electoral. El resultado: el proyecto de ley del Senado, que omite la «criminalización» de los inmigrantes de la propuesta de Sensenbrenner, pero que aun así condena a los indocumentados a un estatus de segunda clase como «trabajadores huéspedes» y reafirma la militarización de la frontera.

Así pues, ya que el Senado de una u otra forma tiene en la agenda restringir el derecho de los inmigrantes indocumentados, estas manifestaciones y actos de repudio están llamados a seguir exigiendo una solución de raíz y no parches para tapar los agujeros más visibles, lo que al final sólo consigue desgastar la tela hasta que se rompe. La HR 4437 es intolerable, y la propuesta del Senado insuficiente, sobre todo cuando para colmo, y como si la situación de los indocumentados no fuera ya difícil, éstos tienen que lidiar con las «proezas» de los Minutemen o cazainmigrantes racistas a lo largo de la frontera, y con un mayor número de muertes en el desierto al tratar de llegar a suelo estadounidense debido a la militarización de la Operación Gatekeeper. Aunque muchos políticos han manifestado sus temores a una amnistía total porque según ellos esto conduciría a «invitar» al país a más ilegales que seguirían el ejemplo, otros muchos pensamos que se debe seguir insistiendo en esa amnistía total como disposición que permitiría a todos los ilegales una trayectoria garantizada a la ciudadanía y que les aseguraría un futuro estable y real en este país.

Uno puede tener muchas percepciones dependiendo del ángulo desde el que mire, pero los hispanos inmigrantes hemos hecho una sola contribución a este país: gracias a nuestro trabajo, a nuestro esfuerzo, a nuestros desvelos, a las separaciones forzadas de nuestros seres queridos, a tener que empezar desde cero fuera de nuestra patria, a nuestras ilusiones, nuestros sueños, nuestro ahínco por superar las dificultades, a nuestras lágrimas por tener que agachar la cabeza con la esperanza de que un día podamos erguirla orgullosos de superar las barreras de quienes tratan de humillarnos, gracias a las personas que murieron en busca de un sueño, porque su causa no muere, sino que es la causa de todos los que hoy gritan que se les considere… Gracias a todo eso, hoy Estados Unidos se sitúa donde está. Gracias a nuestra mano de obra barata, a nuestras necesidades y a esas ilusiones, hoy todos nosotros somos Estados Unidos.

Sin embargo, si queremos que todos estos esfuerzos se reconozcan, la solidaridad no puede sólo reflejarse un día, en una marcha… La solidaridad entre los hispanos tiene que ser de verdad, un ejercicio de todos los días. No podemos quejarnos de la hipocresía de nuestros políticos o de nuestros gobiernos sin predicar con el ejemplo y empezar a aplicarlo a nosotros mismos. En Estados Unidos, en este país que no es el nuestro, pero que queremos hacer nuestro por nuestras contribuciones y sacrificios, no podemos moralmente segregar ni hacer menos al que pertenece a un grupo minoritario. El hispano debe ser hispano. A pesar de llevar con mucha honra nuestra patria de origen, no debemos imponer una cultura al resto de las culturas que representan a los hispanos, ni un acento al del resto de los hispanos que conformamos este maravilloso mosaico. Estados Unidos es la conformación de una pluralidad de culturas, de idiomas, de colores, de acentos. No podemos exigir que nos escuchen y nos den derechos que nosotros mismos negamos a otros hermanos hispanos por ser argentinos, colombianos, españoles, ecuatorianos, cubanos o centroamericanos, y que representan un grupo minoritario. No podemos permitir que bajo la bandera del peso de la mayoría, nuestros líderes, empresas y medios de comunicación hispanos sigan fomentando, tal vez sin caer en la cuenta, la división entre nosotros los hispanos. Dicen que la unión hace la fuerza, y lo vimos ese 1 de mayo. Tal vez los resultados de las movilizaciones no hayan dado aún el fruto que esperamos, pero han puesto de manifiesto una voz que hasta ese momento se escondía en las sombras. Conformemos de corazón una fuerza latina, hispana, que haga valer sus derechos con verdadero derecho, en la que todos hablemos con el mismo acento el mismo idioma: el idioma de la justicia.

PAQUITO D'RIVERA

PAQUITO D'RIVERA es uno de los más reconocidos músicos latinos. Fue uno de los miembros fundadores de la Orquesta Cubana de Música Moderna, a la que dirigió durante muchos años, así como miembro fundador y codirector del grupo musical Irakere, cuya explosiva mezcla de *jazz, rock,* música clásica y música tradicional cubana recorrió América y Europa.

En 1997 recibió su segundo premio Grammy por el aclamado álbum *Portraits of Cuba;* el tercero en el año 2000 por su disco *Tropicana Nights,* y el cuarto, junto con su quinteto, por el álbum *Live at the Blue Note.* En 2003 hizo historia al ser el primero en ganar Latin Grammies en dos categorías: Latin Jazz por *Paquito D'Rivera Brazilian Dreams* y Clásica por *Paquito D'Rivera, historia del soldado,* lo que da un total de seis Grammies y más de 20 designaciones para el Grammy en diversas categorías. En 1999, con motivo de la celebración del 500 aniversario de la Universidad de Alcalá de Henares, recibió un premio honorario en reconocimiento a su contribución a las artes y humanidades, y su defensa de los derechos humanos y libertades de los artistas.

D'Rivera es director artístico del Programa de Jazz de la Sociedad de Música de Cámara de Nueva Jersey y artista residente del Festival de Música de Cámara de Moab, Utah. También ocupa un puesto en la junta directiva del Chamber Music International y en el directorio del Chamber Music America. Durante varios años ha sido director artístico del mundialmente famoso Festival Internacional de Jazz en el Tambo de Uruguay.

Es autor de las memorias *My Sax Life (Mi vida saxual)* y de la novela *Oh, La Habana.*

La autocrítica es la mejor medicina

Aunque por motivos de trabajo viajo constantemente, he seguido las recientes manifestaciones de inmigrantes ilegales en Estados Unidos a través de la televisión, en los distintos aeropuertos y hoteles donde paro por todo el mundo. Así que antes de hacer cualquier comentario, quizás deba destacar la simpatía que por razones obvias siento hacia los inmigrantes, y en particular por las personas cuya lengua materna es el español. Aunque me desenvuelvo bien en inglés y es un idioma que me agrada, me siento mucho más cómodo cuando voy a un restaurante o a cualquier otro sitio público y el empleado que me atiende me habla en castellano. Casi siempre entablo alguna conversación y le pregunto de dónde es y cómo llegó a Estados Unidos. Creo que fue Guillermo Cabrera Infante quien escribió: «Latinoamérica es un experimento de 500 años que ha fracasado», y aunque me parece un pensamiento demasiado radical, algún fondo de verdad tiene; de modo que me conmueve ver que gente de origen humilde venga de tan lejos a abrirse paso en esta gran nación con su trabajo honesto. Me hace mucha gracia que, según me contó alguien, el chef del famoso Russian Tea Room, de Nueva York, fue durante muchos años un puertorriqueño; que todos los empleados de la cocina de cierto restaurante japonés sean mexicanos, peruanos o brasileños, o que hasta el cónsul estadounidense en Cataluña sea de origen domini-cano. En principio me solidarizo con esos inmigrantes, pero como ciudadano de Estados Unidos, o de cualquier otro país si fuera el caso, no puedo apoyar la inmigración ilegal, ni creo que sea serio declarar una amnistía cada equis años. En México, por ejemplo, la inmigración ilegal acarrea serias condenas de cárcel, deportación o ambas, tanto para el que viola la ley como para el que ayuda al ile-gal. Y es que, lógicamente, esa posición de ambigüedad y falsa be-nevolencia no hace más que estimular la ilegalidad.

El 1 de mayo se celebra en casi todo el mundo, pero a pesar de su americanísimo origen, no tiene absolutamente ningún significado en la cultura laboral de Estados Unidos. De modo que yo, por cor-tesía y hasta estratégicamente, habría escogido algo así como el Día de la Raza, o aún mejor el Labor Day, fecha mucho más ac-tualizada, identificada y emblemática del país anfitrión en el que se pretende establecerse. Por otra parte, no creo que sea ni apropia-do ni inteligente desfilar con miles de banderas de otros países y, en muchos casos, vistiendo camisetas y enarbolando pancartas con la anacrónica imagen del Che Guevara, un enemigo declarado de este país y del mismísimo sistema en que estos emigrantes pugnan por ser aceptados. Es como tratar de entrar a una sinagoga a pedir trabajo de mozo de limpieza con una suástica en el pecho; o ir de turista a Corea del Norte (hay gente para todo) vistiendo una re-merita de *Vote for Bush–Cheney*. ¿Me explico? Usemos el sentido común: Ya los gringos tienen en su inventario suficientes perso-najes de ese tipo *made in USA*. Entonces, ¿para qué importar más? Pero salvo detallitos menores como el mencionado, es indudable el impacto que han tenido estas demostraciones. Yo espero que sepamos aprovechar ese impacto, que seamos disciplinados y astutos, y que marchemos por el camino correcto. No podemos darnos el lujo de provocar el racismo y el peligroso y militante sentimiento antiinmigrante que hemos despertado en España, Alemania y otros países de Europa, donde ciertos individuos, o grupúsculos de manzanas podridas, echan por tierra la labor de la mayoría de la inmigración, positiva y trabajadora. Cada comunidad debe aportar lo mejor de sí, y abstenerse de imponer los defectos que todo grupo humano tiene. A donde fueres haz lo que vieres.

La autocrítica es la mejor medicina, como lo demostró valientemente Bill Cosby cuando se enfrentó con su propia gente y los retó a enmendar los fallos de la comunidad negra como única fórmula de avance. O los hispanos hacemos lo mismo, o nos seguirán estereotipando y seguiremos pagando los platos rotos de los impuntuales, los que no aprenden inglés, los que no obedecen las leyes ni cumplen con sus compromisos. Ésa es una realidad ineludible.

Desde que el mundo es mundo siempre ha habido gente en pro y en contra de cualquier propuesta. Yo recuerdo que desde que llegué a este país constantemente se han aprobado amnistías para los inmigrantes ilegales. Es algo así como el estatus de Puerto Rico o la «inminente» caída de Fidel Castro, que en cualquier momento están por saltar a la palestra. Pero todo tiene un límite. Seamos realistas y comprendamos que el sentimiento antiinmigrante ha crecido en número e intensidad, y lo que no se puede negar es que todo país tiene el derecho de controlar sus fronteras y de escoger quién entra o no en su territorio. A mi modo de ver, el mero concepto de «los derechos de los ilegales» es un disparate absoluto.

Todo acto ilegal está sujeto a una sanción, por muy válidas que sean las razones que lo motiven. El hecho de que alguien asesine a su esposa por adúltera o por lo que sea no lo va a librar de una buena temporada a la sombra, si es que no lo ponen a dormir el sueño eterno.

Hay países como España, Brasil, México, Francia, Cuba o la Argentina, con un «sabor» tan característico, que sobresalen (en lo bueno y en lo malo) entre las demás nacionalidades. Usted podrá ignorar cuál es el baile nacional de Panamá, no tener la más mínima idea de lo que comen los namibios (cuando comen, los pobrecitos), o hasta confundir Suiza con Suecia, pero casi toda persona medianamente enterada sabe que en la Argentina se cantan tangos, que los gallegos tocan la gaita, los brasileños son buenos en el fútbol, y los mexicanos comen tacos muy picantes y cantan rancheras y corridos a la sombra de sus enormes sombreros charros. A nadie se le ocurre pensar que Pancho Villa fuera irlandés, Maurice Chevalier rumano, Celia Cruz paraguaya ni que Pelé sea marroquí; así como todo el mundo está más que seguro de que personalidades tan dispares como Louis Armstrong, Henry Ford y Hilary Clinton no pueden ser más que estadounidenses. Y es que la gran nación del norte ocupa un lugar prominente entre ese grupo de países de características tan originales como diversas, que hacen del norteamericano un ser tan difícil de definir como fácil de reconocer. Digo esto porque, aun teniendo rasgos nacionales tan delineados, la sociedad estadounidense en gran parte está basada en costumbres (buenas y malas) traídas por inmigrantes de todas partes del planeta.

Todas las comunidades han puesto su granito de arena en esta parte del mundo, aunque también han traído consigo un montón de vicios y malas costumbres que hay que añadir a los que ya había aquí. Entre ellos tenemos el hablar altísimo de los italianos, la endémica impuntualidad brasileña y la aversión al agua de muchos europeos, en cuya lista de compras, jabón y desodorante parecen brillar por su ausencia.

Por la parte que nos toca, es innegable la enorme contribución que a la sociedad norteamericana de todos los tiempos ha hecho gente de origen hispano, desde Félix Varela hasta Chita Rivera, pasando por Desy Arnaz, Roberto Clemente, Ricardo Montalbán, Daniel Barenboim, Nilo Cruz y Michael Camilo. Y hablando de éste último, es el único músico que conozco que ha creado su propio género de *jazz* latino, con un sello de procedencia tan personal, que yo propondría se le concediera el reinado de una isla propia en el Caribe, donde la música nacional fuese la que él compone. Pero como esto no es posible, entonces tenemos que reconocerlo como uno de los pianistas de *jazz* más originales de la escena norteamericana contemporánea. Como músico que soy, ésta es quizás mi mejor forma de definir la importante contribución de los hispanos a la cultura estadounidense.

GUSTAVO GODOY

GUSTAVO GODOY es editor de la revista *Vista*, una publicación nacional en inglés y español destinada al mercado hispano de Estados Unidos. Godoy tiene a su cargo la política editorial de la publicación. También es consultor de distintas cadenas de radio y televisión de América Central y del Sur.

Durante casi 30 años ha desempeñado un papel importante en los medios hispanos de Estados Unidos. Como vicepresidente y director de programas informativos de Univisión y Telemundo, estableció corresponsalías nacionales e internacionales y creó programas especiales como *Temas y debates*. Ha tenido la oportunidad de entrevistar en numerosas ocasiones a jefes de Estado de América Latina, Europa y el Medio Oriente. Tiene en su haber cuatro premios Emmy.

En 1986, como cofundador y presidente de la Hispanic Broadcasting Corporation (HBC), produjo noticieros a escala nacional y programas especiales para la cadena Telemundo. En 1982, tras establecer y poner en marcha el canal 23 en Miami el año anterior, fue nombrado vicepresidente y director de noticias de SIN, hoy cadena Univisión. De 1982 a 1986 (dentro de SIN), creó el programa matutino *Mundo Latino,* versión en español del *Today Show* de la NBC. Godoy supervisaba las doce corresponsalías nacionales e internacionales de la cadena.

Godoy es uno de los fundadores de la Asociación Nacional de Periodistas Hispanos (NAHJ) y de la Academia de Televisión de las Artes y Ciencias (NATAS), división de Miami.

La inmigración hispana:
un nuevo rostro de Estados Unidos

Al acercarme a una de estas manifestaciones masivas y preguntar su motivación, un interlocutor del grupo me contestó enfáticamente: «De una vez por todas hay que dar a los inmigrantes la justa oportunidad de ser parte de Estados Unidos, y no seguir siendo discriminados y perseguidos», a lo cual yo asentí, y le dije que compartía su opinión. Cuando le comenté que debido a muchas otras manifestaciones a escala nacional la reacción de muchas personas fue de perplejidad, e inclusive de enojo, al ver que brillaba por su ausencia la insignia de las barras y las estrellas, o sea, la bandera de Estados Unidos, y que lo que abundaba eran banderas de México y países de América Central y del Sur, el señor contestó que era «un derecho de cada manifestante», a lo que repuse preguntando si eso no se malinterpretaría y resultaría contraproducente, pues, además de insignias nacionales, se mostraron banderas con la figura del Che Guevara y cartelones que increpaban a Estados Unidos, o sea, al país del cual ellos aspiraban a formar parte. Después de reflexionar en torno a esta segunda pregunta, algunos de los congregados asintieron, mientras que un par de ellos se encogieron de hombros arguyendo: «¡Es nuestro derecho el portar insignias, consignas y efigies, ya que estamos en un país libre!, ¿no?» Desgraciadamente estos grupos, que aspiran a tener una oportunidad en Estados Unidos, fueron malinterpretados por muchos, ya que los inmigrantes indocumentados no sólo se empeñaron en mostrar las banderas de sus países de origen, sino que proyectaron una imagen de desunión y de reto a la autoridad.

Otras reacciones han mostrado que no se sintió un verdadero ambiente de humildad y agradecimiento. Lo que bien pudo haber sido una masiva demostración de integración nacional envió un mensaje de exigencia a las autoridades de Estados Unidos por parte de los manifestantes.

En realidad los inmigrantes indocumentados contribuyen a la economía de Estados Unidos, máxime que se trata de una nación compuesta por inmigrantes de todas partes del globo, donde tienen razón quienes alegan que los inmigrantes que cruzan la frontera son los que están dispuestos a trabajar en los campos, en las fábricas, en la construcción, como empleados domésticos y de restaurantes, empleos que no restan oportunidades a quienes ya son residentes norteamericanos. Esto ocurre a pesar de que no todos los estadounidenses nacidos aquí llegan a terminar los estudios secundarios, y muchos, por no decir muchísimos, comienzan su vida laboral haciendo todo tipo de trabajos a temprana edad, desde repartir periódicos, pintar casas y edificios, arreglar jardines y cortar árboles hasta recoger la basura. No todos los norteamericanos tienen un trabajo de oficina, o profesional.

Por ende, un flujo de inmigración ordenada sí beneficia a Estados Unidos. La reacción adversa y de sorpresa que muchos norteamericanos sintieron al ver estas multitudinarias manifestaciones de

norte a sur y de este a oeste revolvió el avispero de los intoleran-
tes, y la realidad de la presencia hispana pasó de ser una fría estadística a una masiva presencia humana que reclama un derecho
que muchos en Estados Unidos se preguntan si tienen. El intento de algunos líderes de instar a los manifestantes hispanos al boicot —o sea, a coaccionar a las autoridades del país— creó aún más
descontento en la nación, ya que si el mensaje de estos manifestantes es pedir la oportunidad de trabajar y brindar a su familia un
futuro y ser parte del sueño americano, ¿cómo va a ser su mensaje de coacción?

Por lo tanto, este mensaje, igual que la falta de banderas norteamericanas al principio de las manifestaciones, dio luz verde a la
xenofobia en los elementos más retrógrados de la nación. Afortu-
nadamente para el futuro de los inmigrantes, el llamado al boicot
no encontró resonancia, y la reacción adversa que se hizo sentir en
diversos puntos de Estados Unidos por falta de una identificación
de los inmigrantes con la nación en la cual piden ser acogidos, dio
como resultado una reacción positiva del liderazgo proinmigran-
te de las manifestaciones, que concluyeron el 1 de mayo sin boicot a escala nacional y con la clara y destacada presencia de la
bandera norteamericana, lo cual ayudó a apaciguar la ferocidad
con que se expresaban elementos antihispanos, antiinmigrantes y
xenófobos. Una cosa es lo que decían militantes antihispanos y antiinmigrantes, pero otros alzaban la voz ante la Cámara de Representantes y hasta en el propio Senado, donde la iniciativa de ley del
representante Sensenbrenner es lo que más limita un acuerdo migratorio justo y razonable.

Deportar a doce millones de almas es inconcebible e ineficaz.
Entrar en la semántica de que otorgar permisos de trabajo temporales y leyes escalonadas que con el tiempo concederían la ciuda-

danía a muchos inmigrantes no sólo dilata el proceso, sino que entorpece la aprobación de una ley de inmigración racional. Si bien por la frontera de México entran miles diaria, semanal, mensual y anualmente a territorio norteamericano en busca de un mejor futuro que en muchos casos no encuentran en sus países, éste no es el único filtro de entrada ilegal, ya que por la frontera que nos divide de nuestro vecino del norte también entran a diario, al igual que por las costas del Pacífico y del Atlántico. Estados Unidos y todos los países del mundo tienen el derecho y el deber de proteger sus fronteras y de contar con una inmigración ordenada. México, nuestro vecino del sur, también se ve forzado a proteger sus fronteras, muy en particular la que lo separa de sus vecinos del sur, ya que por ella miles de centro y sudamericanos hacen la travesía hacia México, algunos quedándose en territorio azteca y otros prosiguiendo hasta cruzar la frontera hacia el norte. Una ley de inmigración razonable y en concordancia con nuestros vecinos del sur logrará, además de armonía fronteriza, armonía entre las naciones.

Las contribuciones de los hispanos a Estados Unidos son múltiples y en diversos ámbitos, en el campo científico y de la medicina, en el mundo de las finanzas, profesional, legal, político, tanto a escala local como estatal y nacional, en el periodismo y las artes, y hasta en la gastronomía con su diversidad de sabores.

Una contribución destacada ha sido la presencia de latinos en diversas dependencias de las Fuerzas Armadas en la Segunda Guerra Mundial, en Corea, en Vietnam, y hoy en día en Afganistán e Irak. Es hora de preguntarnos cuánta sangre latina ha derramado esta nación en ultramar.

La inmigración hispana le ha dado un nuevo rostro a Estados Unidos y, por qué no decirlo, una nueva oportunidad y un nuevo futuro cultural e histórico, en el lugar y en el momento oportuno. Un mundo globalizado, de economía globalizada, requiere una globalización nacional que incluya idioma, concepto y tradición.

KARLA MARTÍNEZ

KARLA MARTÍNEZ es periodista mexicana egresada de la Universidad de Texas, considerada la figura más prometedora de la televisión hispana de Estados Unidos. Después de ser conductora de *Control,* el programa juvenil de Univisión, durante varios años, desde enero de 2006 es copresentadora de *Despierta América,* el programa de la misma cadena con el que cientos de miles de hispanos comienzan el día. En estos programas ha tomado el pulso del acontecer de los hispanos en Estados Unidos, principalmente de los jóvenes, quienes la consideran un modelo a seguir. El año entrante Random House Mondadori publicará su primer libro dirigido a la nueva generación de latinos, en el que cuenta sus experiencias, desde que se abría paso como una talentosa estudiante inmigrante, hasta alcanzar el éxito y la popularidad a través de la televisión. Karla está recién casada y reside con su esposo en Miami.

Es hora de que se escuchen nuestras voces

Primero que nada, soy inmigrante, y lo digo orgullosa. Orgullosa de mis raíces, de mi cultura, de mi idioma y de mi gente. Gente trabajadora que desafortunadamente no tiene las oportunidades para crecer o realizarse en su país. Muchos de ellos sin la oportunidad de trabajar, cuando menos, para vivir al día. Hombres, mujeres y niños que arriesgan todo por cumplir un sueño: tener un trabajo que les permita simplemente sobrevivir. Vivir en Ciudad Juárez y El Paso me enfrentó a la realidad de los «mojados». Una realidad que lucha por cruzar el famoso río Bravo o un desierto interminable. Un río que divide no sólo dos países, sino a la gente. Y digo a la gente porque en ocasiones somos discriminados por los nuestros, inmigrantes que por el simple hecho de estar de este lado y con «papelito» ya se sienten mejores.

Estamos viviendo una era de globalización en la que la fuerza laboral que representamos no sólo es necesaria, sino indispensable en este país. Y no me refiero únicamente a los jardineros, camareras, albañiles, carpinteros, meseros, cocineros; también a los maestros, médicos, científicos, deportistas, actores y políticos que luchan por representar a sus países dignamente. En gran parte hemos contribuido a que este país sea la potencia que es. Y sobre todo que se mantenga como el país de las oportunidades. Ésa es la razón por la que millones de inmigrantes hicieron historia el pasado 1 de mayo en una marcha jamás imaginada. Una marcha en la que pacíficamente demostraron sus agallas y ganas de luchar en y por este país. Jamás olvidaré las imágenes en que mis compatriotas enarbolaban orgullosos la bandera estadounidense. Esas imágenes recorrieron el mundo entero demostrando que la unión hace la fuerza, una fuerza que en el pasado era considerada un minoría y que hoy se ha convertido en un pilar muy importante en la cimentación de este país. Yo me uno a la causa y apoyo a todos los inmigrantes que desean ser escuchados, que sólo piden una oportunidad de vida. Una oportunidad para brindarles a sus familias un futuro mejor, un futuro en el que el color de la piel o el acento no sean impedimentos para cumplir sus metas.

Las marchas del 1 de mayo no sólo pasarán a la historia por su magnitud. Creo que a raíz de los boicots el gobierno de este país ha comprendido el significado del inmigrante y lo que aportamos a su economía. No sólo somos la minoría que más consume, sino la que más trabajos extenuantes realiza. Somos la minoría con mayor crecimiento, lo cual en pocos años nos convertirá en mayoría. El efecto de estas marchas ha sido positivo porque hemos logrado que nuestra voz y nuestras necesidades se escuchen. Dice un dicho que no hay peor lucha que la que no se hace. Y nosotros hemos luchado y seguiremos luchando por nuestros derechos. En un país que se ha hecho a base de inmigrantes no puede existir este tipo de discriminación. Las marchas del 1 de mayo fueron sólo el inicio de una lucha que no parará hasta lograr su propósito: la legalización justa de millones de personas. Gracias a esta unión nos dimos cuenta del poder que tenemos, de lo que aportamos y de lo que podemos hacer de este país. Y esa satisfacción nadie nos la quita.

Uno de los retos que la comunidad hispana tendrá que afrontar es la ley Sensenbrenner, una ley francamente racista. Me parece ridículo e increíble que a 17 años de la caída del muro de Berlín pretendan levantar un muro entre Estados Unidos y México, una pared de mil 200 kilómetros que dejará los restantes dos mil kilómetros de frontera protegidos por el desierto, lo cual, lejos de frenar la migración, fomentará el cruce de indocumentados por los lugares más lejanos y peligrosos, donde el riesgo de morir será más alto. Otro aspecto preocupante de esta ley es la criminalización de los inmigrantes indocumentados. Hasta ahora, la estadía de indocumentados en territorio norteamericano se considera «ilegal». Si la ley se aprueba, la estancia de inmigrantes sin documentos se considerará «delito», de manera que los inmigrantes no sólo tendrán que arriesgar la vida al cruzar la frontera, sino que, además, al permanecer en territorio estadounidense y haciendo un trabajo necesario para el país, también estarán arriesgando su libertad. Los inmigrantes ya no sólo tendrán que cuidarse de la «migra» y huir de ella. Ahora también deberán cuidarse de las policías locales, estatales y federales que, a causa de esta ley, estarían autorizadas para detener a cualquier indocumentado. Pero la cosa no termina aquí. Esta ley también contempla el castigo a quienes ayuden a los inmigrantes ilegales a permanecer en este país, con riesgo de perder sus derechos como ciudadanos norteamericanos, lo cual podría tomarse como una condena o castigo a la solidaridad de la gente. Considero que las nuevas medidas antiinmigrantes, lejos de promover la honestidad, promueven la suspicacia y la desconfianza, ya que con esto cualquier ciudadano podría convertirse en agente de inmigración o simplemente en acusador. Si esto sucediera, no podríamos confiar ni en el vecino. Esta desconfianza trae consigo el reto más grande: permanecer unidos, firmes y fieles a la causa, sin miedo a las consecuencias. Ya no tenemos por qué callar. Es hora de que se escuchen nuestras voces.

Estados Unidos es un país que se ha hecho a base de inmigrantes; es un país que necesita de nosotros. ¿Se imaginan un partido de béisbol sin las grandes estrellas latinas como Samy Sosa y Alex Rodríguez, entre otros? ¿O qué serían las granjas y campos agrícolas sin las maravillosas manos de nuestra gente? ¿Los hoteles sin personal de limpieza, los restaurantes sin cocineros, las escuelas sin maestros bilingües, la televisión sin talento latino, los laboratorios sin los científicos más preparados que sacan de nuestros países? ¿Qué sería de las construcciones, calles, supermercados en donde siempre está un paisano? ¿Y qué me dicen de las Fuerzas Armadas, donde los encargados de defender el honor de Estados Unidos son de piel morena y hablan español? ¿Quién va a hacer los trabajos que los «gringos» no quieren hacer? Sólo alguien que haya sido capaz de arriesgar la vida al ser arrastrado por la corriente de un río, o cruzando un desierto que no tiene fin, dejando atrás hijos, esposa, marido y los recuerdos de un hermoso país lleno de riquezas, gente noble y trabajadora; un país en donde lo encuentran todo, pero irónicamente no encuentran la oportunidad que les permita tan sólo subsistir; en donde el mínimo no te da ni para las necesidades básicas, un país lleno de niños que juegan con el estómago vacío, en donde se ven obligados a dejar la escuela por ayudar a sus padres. Padres que ya no saben qué hacer para lograr que sus hijos tengan una vida digna. Sólo una persona movida por emociones tan fuertes es capaz de enfrentarse a la terrible realidad del inmigrante, y todo con el deseo de trabajar. No pedimos más, sólo que se nos dé la oportunidad de trabajar, caminar, manejar y vivir legalmente en un país por el que hemos sido capaces de dejar todo atrás.

SANJUANA MARTÍNEZ

SANJUANA MARTÍNEZ nació en Monterrey, México, donde obtuvo la licenciatura en periodismo en la Facultad de Ciencias de la Comunicación de la Universidad Autónoma de Nuevo León. Continuó sus estudios de posgrado en la Universidad Complutense de Madrid. Inició su actividad profesional en el *Diario de Monterrey*, luego en el Canal 2 de la misma ciudad, y durante 15 años en la revista *Proceso*, donde fue corresponsal, periodista de investigación y reportera. Ha cubierto los fenómenos migratorios de Europa y el norte de África y de la frontera entre México y Estados Unidos. Es autora de *Sí se puede. El movimiento de los hispanos que cambiará a Estados Unidos* y *La cara oculta del Vaticano,* y coautora del libro colectivo *Voces de Babel*. Escribió también la presentación del libro *Los rostros del 68*, de Julio Scherer y Carlos Monsiváis.

La voluntad es clara:
«legalización para todos»

He podido ser testigo directo de las históricas movilizaciones de los inmigrantes en Estados Unidos. Se trata del mayor movimiento de derechos civiles registrado en el país, que supera cuantitativamente las grandes marchas de afroestadounidenses de hace cuatro décadas. La lucha laboral que precede al movimiento de los indocumentados hispanos el 1 de mayo es un referente y un auténtico respaldo para sus reivindicaciones. Lo que hoy solicitan doce millones de indocumentados es básicamente lo mismo que pedían «los mártires de Chicago»: dignidad, igualdad, respeto al ser humano, equidad en la distribución de la riqueza, fin de los abusos laborales. La consigna es clara: «Legalización para todos». El sistema de explotación establecido en Estados Unidos contra millones de seres humanos se ha cuestionado duramente gracias a estas movilizaciones. Los inmigrantes han llamado la atención del mundo y han puesto al descubierto las condiciones infrahumanas que millones de personas padecen al trabajar hasta dieciséis horas diarias cobrando cinco dólares la hora. Salarios de subdesarrollo para sobrevivir en un país con precios de primer mundo. Pobreza, pues, y además discriminación, puesto que a los estadounidenses se les paga hasta 20 dólares la hora por hacer el mismo trabajo.

Los inmigrantes viven como indocumentados durante décadas. Existen y no existen: hacen los trabajos más duros con la retribución más exigua, pero sin papeles no tienen derechos. Sin legalización no existe la mínima oportunidad de igualdad. Mantener a doce millones de seres humanos indocumentados en el país más rico y desarrollado del mundo es institucionalizar una variedad de esclavitud del siglo XXI.

Ningún ser humano es ilegal, ningún inmigrante es criminal, nadie debe vivir como ciudadano de segunda clase. Conviene recordar que el pasado 1 de mayo se cumplieron 120 años de historia de la fiesta del trabajo, cuya dignificación comenzó en 1886, cuando el presidente Johnson estableció la ley Ingersoll, que regulaba la jornada de ocho horas, y que fue saboteada por los patrones, lo que dio lugar a movilizaciones masivas que culminaron en Chicago, donde los obreros obligaron a cerrar fábricas y muelles, y paralizaron por completo la ciudad. La reacción de los patrones fue brutal: orquestaron un juicio amañado y, un año después, los dirigentes anarquistas del movimiento obrero fueron condenados a muerte y ahorcados. Antes de que le cubrieran la cabeza con la capucha, uno de los mártires de Chicago, Spies, dijo: «¡Tiempo llegará en que nuestro silencio será más poderoso que las voces que hoy ustedes estrangulan!» Los sectores más reaccionarios de la empresa, la política y la sociedad estadounidenses intentan otra vez acallar la voz de los desfavorecidos. No podrán. La vigencia de la lucha laboral de 1886 es indiscutible. Como decía el mártir de Chicago Jorge Engel: «Vuestras leyes están en oposición con la naturaleza y mediante esas leyes robáis a las masas el derecho a la vida, a la libertad y al bienestar».

Las marchas han tenido ya un efecto decisivo frente a los poderes ejecutivo y legislativo de Estados Unidos. Hasta que tuvieron lugar las movilizaciones, la propuesta de ley del senador Sensenbrenner tenía posibilidades de obtener fuertes apoyos. No fue así: gracias al nuevo movimiento hispano, a raíz de la multitudinaria marcha de Chicago y la gran manifestación de Los Ángeles, ambas cámaras presentaron proyectos más viables y menos duros. El objetivo de un «paro nacional», o mejor dicho, de Un día sin inmigrantes, era, precisamente, hacer sentir el impacto de la ausencia de quienes no hacen otra cosa que reclamar sus legítimos derechos como seres humanos, con una repercusión económica, social y política. Los inmigrantes también tienen derecho a la huelga —teóricamente, al menos—, pero hubo un sector de los políticos y empresarios, y otros influyentes personajes, que intentó boicotear el paro nacional. Por ejemplo, el cardenal Roger Mahony, de Los Ángeles —un hombre fuertemente cuestionado con anterioridad por haber apoyado a decenas de sacerdotes pederastas— instó a los inmigrantes a no faltar a su trabajo. ¿Qué calidad moral puede tener un arzobispo que hoy en día sigue negándose a entregar los expedientes de los sacerdotes acusados de abusos sexuales de menores en más de 550 denuncias?

Por su parte, el gobierno de México prefirió no sumarse al boicot del 1 de mayo ni apoyarlo. El presidente Vicente Fox se apresuró a ordenar a las 46 representaciones consulares que velaran por que todos los empleados de las mismas acudieran a trabajar el 1 de mayo como cualquier otro día laborable. Fue desalentador para muchos inmigrantes mexicanos —que han dejado el país por la falta de oportunidades de empleo bien remunerado, la falta de equidad en la distribución de la riqueza y el enriquecimiento desmedido de las clases política y empresarial, que siguen manteniendo el salario mínimo en México en cuatro dólares al día— que su Presidente no mostrara un apoyo tácito a las marchas multitudinarias.

Ningún movimiento civil ha conseguido verdaderos cambios sin pagar los costos. Ahí están claros ejemplos: Rosa Parks decidió correr esos riesgos y se sentó en uno de los lugares reservados para blancos en el autobús de una de tantas ciudades del «recóndito sur» estadounidense donde la segregación racial era «legal», a sabiendas de que la iban a encarcelar. Martin Luther King siguió luchando por los derechos de la raza negra a pesar de las amenazas de muerte, y terminó asesinado. César Chávez no claudicó en su empeño de mejorar las condiciones laborales de los agricultores hispanos. Muchos inmigrantes que participaron en ese paro nacional y en las manifestaciones lo hicieron no sólo para exigir una reforma migratoria justa, sino porque están hastiados de los abusos laborales, de vivir en la clandestinidad. Es una cuestión de dignidad.

Gente como el alcalde de Los Ángeles, Antonio Villarraigosa, recibió una serie de amenazas de muerte para que dejara de defender a los inmigrantes hispanos. El líder de la Hermandad México Americana, Nativo López, que preside la Mexican American Political Association (MAPA), también ha recibido amenazas de muerte: «Es hora de que se callen», le dijeron vía telefónica para amedrentarlo. Igualmente han amenazado a Javier Rodríguez, portavoz de la Coalición 25 de Mayo. Sin duda, las amenazas se extienden como una amplia mancha de complicidades entrelazadas de gente interesada en que las cosas no cambien a favor de los más afectados, y sin duda alcanzan también a miles de inmigrantes anónimos que sufren a diario la impertinencia de sus patrones, quienes los consideran menos que personas. Cuando me refiero a la mancha de complicidad que se extiende a lo largo y ancho de Estados Unidos, lo hago en sentido literal: a millones de trabaja-

dores que existen y no existen, que trabajan y pagan impuestos, pero no votan ni perciben prestaciones, corresponden centenares de
miles de empleadores que conocen la situación y se aprovechan
de ella, y decenas de miles de servidores públicos que hacen la vista gorda. Se les tolera porque son indispensables; no se les persi-
gue, pero tampoco se les reconoce.

El reto principal es conseguir la legalización. Un nuevo programa
«Bracero», como el plan de trabajadores temporales propuesto por
el presidente George Bush, empeoraría la situación de los inmigrantes. El gobierno estadounidense debería proponer una reforma verdaderamente integral, que proporcione el estatus de
ciudadanos de primera clase a los inmigrantes. El trabajo legislativo de ambas cámaras será intenso en los próximos meses, con el
condicionante de las elecciones de noviembre.

Por otro lado, el presidente Vicente Fox termina su mandato
sin haber logrado una reforma migratoria. El Ejecutivo mexicano
no ha resuelto ni el problema de los braceros, ni los cientos de
muertes en el cruce de la frontera, ni los asesinatos de mexicanos
a manos de rancheros desalmados de Arizona, ni las redes criminales de los polleros, ni los abusos de los derechos humanos cometidos por la patrulla fronteriza estadounidense, ni las condiciones
de explotación y humillación que sufren millones de inmigrantes
trabajadores. En esta reforma migratoria México se juega mucho:
56 por ciento de los doce millones de indocumentados son de origen mexicano y, de éstos, más de un millón de compatriotas tendrían que regresar a su país. ¿Ellos están dispuestos a volver? Yo
creo que no. Además, la ejecución de un plan de expulsiones es
costosa e incierta. Es urgente una reforma realista. El actual plan

de acción de la Cámara de Representantes no es nada alentador porque se centra en las audiencias sobre la propuesta, ya aprobada por el Senado, que realizarán en el mes de agosto. Es así como los republicanos aplazan la reforma migratoria para después de las elecciones de noviembre. El problema es que tras el proceso electoral, y antes de que el nuevo Congreso asuma su mandato, en enero de 2007, será difícil aprobar cualquier ley. Las propuestas de ambas cámaras siguen siendo distintas. Mientras que la reforma migratoria aprobada por el Senado intenta la regularización de la mayoría de los indocumentados, la emitida por la Cámara de Representantes se centra en la seguridad fronteriza y propone medidas de endurecimiento contra los inmigrantes, como el hecho de considerarlos criminales por cruzar la frontera sin papeles. Al mismo tiempo, el gobierno del presidente Bush refuerza la criminalización de los inmigrantes con el envío de soldados a la frontera.

Sería bueno recordar que el primer acto legal para regular la inmigración fue la ley de Naturalización de 1790, aprobada para consagrar el principio de que cualquier persona puede ser «admitida para convertirse en ciudadano de Estados Unidos». En 1952 se implantó el sistema de cuotas y el de lotería de *green cards,* del que se benefician hoy en día 50 mil personas al año. En los ochenta fue Reagan quien concedió la amnistía. Ninguna reforma a medias es realista ni justa, sobre todo a la hora de hablar sobre la reagrupación familiar.

Algunos senadores también fueron «inmigrantes ilegales». Hay casos concretos como el del republicano de Florida, Mel Martínez, de origen cubano, que en 1962 llegó a las playas de Miami. Tenía entonces 15 años y vivió en orfanatos y con padres adoptivos hasta que su familia pudo reunirse. Todos necesitaron la generosidad de las leyes para regularizar su situación. El caso del senador Pete V. Domenici, republicano de Nuevo México, confirma la angustia que deben de sentir las familias de inmigrantes en cuyo seno hay miembros «legalizados» y otros «sin papeles». A la madre italiana de este senador, Alda V. Domenici, la detuvieron porque no estaba regularizada. En igual situación se encuentran muchos más, como el senador republicano Arlen Specter, de Pensilvania, jefe del Comité Judicial del Senado, cuyos padres emigraron de Rusia a principios de 1900 y tuvieron que luchar durante años para conseguir estatus legal en este país. Sólo hay que ver a algunos miembros del gabinete de George Bush con carteras importantes, como Elaine Chao en Trabajo, Carlos Gutiérrez en Comercio o Alberto Gonzales en la Fiscalía. Allí están los casos de los ex secretarios de Estado Henry Kissinger y Madeleine Albright, por no hablar del inmigrante reconvertido, el gobernador de origen austriaco Arnold Schwarzenegger.

En un país de inmigrantes como Estados Unidos, ¿quiénes son verdaderamente estadounidenses? Sólo los aborígenes, las tribus de indígenas del territorio, a quienes precisamente han despojado de sus tierras y sobreviven gracias a las concesiones de licencias para operar casinos. Los demás son de origen alemán, irlandés, ruso, polaco, inglés, italiano, mexicano… por no mencionar a los descendientes de los inmigrantes forzosos: los esclavos africanos. El problema es que la etiqueta de «inmigrante ilegal» se aplica, en la mayoría de los casos, sólo a los inmigrantes hispanos. Y cuando se habla de inmigrantes anglosajones, sencillamente se les denomina «inmigrantes» o «extranjeros». A los irlandeses indocumentados —por decir un ejemplo— no se les molesta.

La principal contribución de los hispanos inmigrantes es su aportación a la economía del país. El trabajo de los inmigrantes hispanos ofrece a la economía de Estados Unidos más de 200 mil millones de dólares anuales. Los inmigrantes realizan labores vitales para el país en el sector agrícola, donde 91 por ciento son trabajadores hispanos, en su mayoría mexicanos. Los inmigrantes hispanos realizan tareas de limpieza, trabajos en el sector de la construcción o en el de servicios. Su contribución no se centra sólo en labores de índole primaria. Cada día, las segundas, terceras o cuartas generaciones de hispanos se incorporan al mercado laboral especializado y profesional. Debido al acceso a la educación, los hijos de los inmigrantes han alcanzado puestos destacados en todas las áreas productivas del país.

Los hispanos no sólo aportan beneficios económicos a Estados Unidos: su fuerte cultura proporciona también rasgos específicos que enriquecen la vida cotidiana del país. El uso del español se extiende vertiginosamente. Más de 45 millones de personas lo hablan, y por tanto, muchos más han decidido estudiarlo y practicarlo en sus trabajos. Existe una amplia red de medios de comunicación en español. Las empresas reclaman para los puestos de atención al público empleados hispanohablantes: el cliente siempre tiene la razón, y si el cliente pide el producto en español, el empleado tiene que poder ofrecérselo así.

El beneficio económico no es sólo para Estados Unidos. Los hispanos también aportan un importante valor económico a sus países de origen a través de las remesas. Hay muchos beneficiarios del «negocio» de los desplazados. Por ejemplo, el mercado de transferencias de remesas de Estados Unidos a México se lleva anualmente nada menos que cerca de mil 500 millones de dólares, según un informe de la Comisión de Movilidad Humana del Episcopado Mexicano. Las remesas que enviaron los trabajadores mexicanos rebasaron el año pasado los 13 mil 266 millones de dólares y representaron un monto equivalente al 71 por ciento de las ventas petroleras, según datos del Instituto Nacional de Estadística, Geografía e Informática de México. Los emigrantes son, para muchos países de América Latina, África y el sureste de Asia, su principal materia prima de exportación, su principal fuente de divisas.

La avaricia se expande, y todos quieren aprovecharse. El congresista republicano de Colorado Tom Tancredo, conocido por su beligerante racismo contra los inmigrantes mexicanos, propuso que el gobierno estadounidense impusiera un «pequeño» gravamen a las remesas enviadas a México a fin de ganar «algunos millones de dólares» para la mermada economía de la administración de George Bush, afectada por el alto déficit que la guerra de Irak supone. Para muchos republicanos, encabezados por el presidente Bush, no es suficiente el cúmulo de riqueza que genera anualmente la barata mano de obra mexicana. Al racismo y la xenofobia, a la falta de derechos laborales, beneficios sociales, seguridad social, cobertura sindical y garantías jurídicas, hay que agregarles más desigualdad. Los inmigrantes que trabajan en Estados Unidos no son un «botín»: son seres humanos en busca de una vida mejor que su país de origen les niega; son ciudadanos que merecen todas las garantías individuales de respeto, dignidad e igualdad.

ANA V. NAVARRO

ANA V. NAVARRO nació en Nicaragua e inmigró a Estados Unidos en 1980. Vivió en carne propia la experiencia de ser inmigrante. Obtuvo asilo político, despés residencia permanente y finalmente la ciudadanía de Estados Unidos. Reside en Miami, Florida, desde hace más de 25 años.

En 1993 se recibió de abogada en la Universidad de Miami, y en 1997 se doctoró en derecho. Cuando estudiaba leyes trabajó en el despacho de Bander y Asociados, donde se especializó en casos de inmigración.

Ha trabajado en el sector público y privado. Fue consejera especial de la Cancillería Nicaragüense. En 1997, desde ese puesto, desempeñó un papel clave en la aprobación de la ley NACARA (Nicaraguan Adjustment and Central American Relief Act), que dio a cientos de miles de centroamericanos la oportunidad de legalizarse en Estados Unidos. En 1998 fue una de las promotoras principales de HRIFA, una ley que dio estatus migratorio a decenas de miles de haitianos.

Ha sido miembro del Equipo de Transición del Gobernador Jeb Bush, y fue brevemente directora de política migratoria del estado de Florida. También ha sido representante de Nicaragua ante la Comisión de Derechos Humanos de las Naciones Unidas.

Se le reconoce como una de las voces políticas más activas en el sur de Florida, con amplios conocimientos en temas hispanos y política latinoamericana. Actualmente es consultora política. Se especializa en temas de inmigración y asuntos que afectan a América Central, y representa a clientes gubernamentales y privados.

Lo mejor y lo peor de Washington

Observé las movilizaciones de lejos, pero me impactaron muy de cerca. Como resido en la República Soberana e Independiente de Miami, donde con frecuencia marchamos a nuestro propio ritmo, las acciones y reacciones de la comunidad inmigrante aquí fueron muy distintas a las del resto del país. En Miami, pese al gran número de inmigrantes (legales e ilegales), muy pocos se movilizaron y no se vieron marchas multitudinarias. Quizás esto se deba a que aquí se vive en un microcosmos protegido, donde realmente no nos sentimos víctimas de la discriminación. Aquí los inmigrantes hispanos son parte del *establishment:* muchos ocupan cargos de elección popular, y aun los funcionarios no hispanos apoyan las causas de esta comunidad. Así que quizás no sentimos la misma necesidad de manifestarnos en la calle, porque no tenemos que salir a exigir el apoyo de nuestros representantes. Aquí gozamos del apoyo de dos senadores (uno demócrata y el otro republicano), tres congresistas (todos inmigrantes cubanos y republicanos), el gobernador Jeb Bush, hermano del presidente Bush y casado con una inmigrante mexicana, de los medios de comunicación y de la mayoría de los líderes comunitarios.

Las marchas me parecieron muy bien organizadas en lo que a poder de convocatoria y movilización masiva se refiere. Fue un éxito logístico poder movilizar a tanta gente en tantas ciudades al mismo tiempo y lograr que todo se llevara a cabo en relativa paz y calma. Desde el punto de vista de las relaciones públicas, en cambio, las marchas se ejecutaron mal. Ver a mujeres, hombres y niños que piden el privilegio de ser aceptados en este país, llevando banderas extranjeras y pancartas en español y gritando consignas en este mismo idioma no me pareció lo mas productivo ni persuasivo para ganar la simpatía ni el apoyo de los nacionales de Estados Unidos. Yo creo que *todos* tenemos derecho a mantener nuestras costumbres, tradiciones y raíces, pero si estamos pidiendo ser estadounidenses y tratando de cambiar la opinión pública a nuestro favor, ¡caramba!, hay que aprenderse consignas en inglés y llevar banderas de Estados Unidos. Me hubiera gustado que cada inmigrante hispano llevara a las marchas a algún amigo, un compañero de trabajo anglosajón, para que las imágenes no se prestaran a crear el concepto de «nosotros» contra «ustedes». Lo que no vi fueron muestras de apoyo masivo por parte de la nación americana no inmigrante y no hispana. No sé si los organizadores no los incluyeron, o si ellos mismos se excluyeron, pero no los vi en número significativo.

Recuerdo haber visto en la cobertura televisada a unos hombres que desfilaban vestidos con atuendo indígena, con plumas en la cabeza y en los tobillos y una especie de taparrabo, dando brincos rítmicos por las calles de Los Ángeles, al estilo de un ritual indígena. Confieso que me causó algo de gracia pensar en la reacción que podía tener un ama de casa de Kansas al ver esas mismas imágenes. Hubiera querido ver la participación de patrones de las industrias afectadas como la de la construcción, el turismo y los servicios que, en definitiva, tienen mucho en juego en términos económicos y laborales.

Una observación acerca de ese día: en un momento dado Jorge Ramos, de Univisión, y Anderson Cooper, de CNN, aparecieron en dos cuadros dentro de la pantalla cubriendo las marchas, uno en Nueva York y el otro en Los Ángeles. Al verlos juntos me llamó la atención lo mucho que se parecen, uno inmigrante mexicano, el otro nacido en Estados Unidos, hijo de una de las familias más ricas de este país: los Vanderbilt; ambos canosos, de facciones finas, ojos claros. Quien no los conociera y no distinguiera los acentos habría dicho que eran hermanos. En este país de sueños y oportunidades, el periodista mexicano que habla inglés con acento tiene muchísimos más televidentes que el hijo de los Vanderbilt.

Una anécdota personal: las marchas del 1 de mayo se llevaron a cabo pocos días después de que el Senado falló en su primer intento de aprobar un proyecto de ley. Yo estuve en Washington y vi colapsarse el acuerdo. Un miércoles por la mañana se anunciaba a bombo y platillo, había júbilo y celebración; unas horas más tarde, al día siguiente, se reventó el globo. El 1 de mayo aún no se sabía si el Senado retomaría el tema, y me preocupaba el efecto negativo y las presiones en el ámbito local que esto podría producirles a los senadores ante sus votantes. Yo y otros de quienes vemos y participamos desde dentro del Capitolio sentimos que el líder demócrata Harry Reid había propiciado el estancamiento del proyecto del Senado precisamente para mantener indignada a la comunidad de los inmigrantes latinos. Las marchas se habían previsto para el 1 de mayo antes del primer intento legislativo en el Senado, que tuvo lugar en los últimos días de abril. Si el Senado hubiese aprobado algo, esas marchas habrían sido para celebrar y agradecer la acción de la cámara alta. Eso les habría convenido naturalmente a los republicanos que lo controlan. Sin embargo, al no haber resultado, esas marchas sirvieron para que los latinos reclamaran y criticaran a los líderes republicanos y también para que sus votantes en sus distritos los presionaran para no llegar a un acuerdo. Las marchas hicieron imposible ignorar el problema, pero también le dieron su buena dosis de radiactividad. No lidiar con el problema sería irresponsable y no era una opción, y lidiar con él seriamente traería grandes costos políticos a corto plazo. En lo personal, me preocupó mucho si era el momento oportuno para las marchas. Y aún más me preocupaba que se utilizaran para manipulación política a tal nivel, que el tema se convirtiera en una papa caliente para los republicanos y no volviera a tocarse durante esta sesión legislativa. En más de una ocasión me tocó esperar en el vestíbulo de la oficina de algún senador. El teléfono no paraba de sonar con llamadas en contra de un acuerdo migratorio. Las pobres recepcionistas no se daban abasto tratando de contestar tantas llamadas y atender a tantos votantes al otro lado del teléfono, que evidentemente estaban enfurecidos y al borde de un ataque de nervios pensando en una ley que podría amparar a millones de inmigrantes ilegales. También sentí frustración, ya que conocía los juegos políticos de la minoría demócrata del Senado —algunos, no todos— para poder sacar provecho del tema. La mayoría de las personas y hasta los medios no advirtieron ni entendieron, ni mucho menos criticaron, los obstáculos a través de maniobras legislativas que habían puesto los demócratas para llevar la situación a un punto insostenible.

Parte de mí sentía orgullo y satisfacción por el nivel tan masivo de las manifestaciones; también sentí temor y preocupación de que su efecto global, suponiendo que el objetivo final sea lograr una ley que beneficie a los inmigrantes, pudiera resultar negativo. Esto, a su vez, me hacía sentir culpable por no compartir al ciento por ciento el entusiasmo que sentían otros hispanos. Me preguntaba si algún afroestadounidense habrá tenido los mismos sentimientos encontrados durante las marchas que esa comunidad efectuó en la lucha por los derechos civiles.

Las actividades del 1 de mayo y otros sucesos relacionados han sido una espada de doble filo. Han ayudado en algunos círculos y han hecho daño en otros. Esas actividades han despertado no a uno, sino a dos gigantes que dormían: la comunidad inmigrante, principalmente latina, que se ha sentido unida, poderosa y capaz de acaparar la atención pública; y también a la comunidad antiinmigrante, a quienes les causó pánico y disgusto ver las calles de algunas de las principales ciudades estadounidenses paralizadas por multitudes incalculables de personas, que para ellos son extranjeros que simplemente no tienen derecho a estar aquí.

Las marchas y demás actividades han tenido varios efectos: primero, al acaparar tanta atención pública, han llevado el debate sobre la inmigración hasta el último rincón de este país. Se escuchan discusiones del asunto en todos lados: los medios, la calle, la mesa familiar, las oficinas. Ha sido inevitable tener que enfrentar el tema. Las marchas hicieron imposible mantener el *statu quo* y que la opinión pública siguiera ignorando la cuestión. O sea, sacaron el debate del marco de las discusiones de «política» dentro de los pasillos de Washington y lo llevaron a cada pueblecito de Estados Unidos. Las marchas abrieron de par en par la caja de Pandora, donde el tema llevaba 20 años guardado, desde la Ley Simpson-Mazzoli, en 1986, y ahora es imposible eludir el tema y esconder la caja debajo de la cama. Hay que llevar el asunto a algún tipo de resolución, para bien o para mal. Segundo, las marchas han hecho que cada lado se atrinchere más aún en su posición y sea más renuente a aceptar una reconciliación con el otro punto de vista. Esto ha dividido a los partidos, al Congreso, a las familias, a la nación entera y, en términos simples, los bandos se pueden reducir a los proinmigrantes y los antiinmigrantes.

Las marchas les dieron un nuevo sentido de poder a los activistas y a la comunidad latina, pero hicieron lo mismo con los racistas. Se abrió una herida social que continúa sangrando. La gente se quitó las máscaras y mordazas. Cosas que antes no se decían en público porque no eran «políticamente correctas» empezaron a decirse, ya fuese inmigrante latino contra gringo racista o viceversa. En el ámbito legislativo creo que el efecto fue más negativo que positivo. En definitiva, éste es un año de elecciones y los inmigrantes ilegales no votan... por ahora. La mayoría de los legisladores tienen que defender sus cargos y las llamadas que entran a sus oficinas son predominantemente en contra de una reforma compasiva. Hay una competencia muy reñida sobre cuál partido obtendrá la mayoría, y si tienen que escoger entre conseguir la mayoría o aprobar una ley que favorezca a los inmigrantes, optarán por proteger sus intereses políticos.

El primer gran reto que se enfrenta es ver si todo esto, en efecto, va a resultar en alguna ley y si esa ley va a tener efectos positivos o negativos. Si después de haber aireado este problema no se logra una ley, será una derrota simbólica para el presidente Bush, el liderazgo del Senado y la comunidad latina. Sería desalentador que después de tanto trabajo, tanta energía invertida, tanto dolor, sudor y bulla, no se lograra aprobar una ley justa. Yo pienso que el clima político no permitirá una reconciliación de los dos proyectos hasta después de las elecciones de noviembre; que estratégicamente lo mejor que podría pasar es no tratar este tema tan controversial con tan poco tiempo antes de las elecciones. En estos momentos, cuando está en juego la mayoría en el Senado y la Cámara de Representantes, si los legisladores tienen que escoger entre una «buena política» y «buenos políticos», la mayoría escogerá «buenos políticos». Lo anterior quizá implique que si la iniciativa se debate antes de las elecciones, el resultado va a ser más parecido a la versión de la cámara que a la versión del Senado. Si no hay una verdadera reconciliación balanceada, la ley no logrará ser aprobada por el Senado, ni mucho menos firmada por el Presidente.

A mí no me gusta llamar a la propuesta de la cámara «la ley Sensenbrenner». Me parece que eso exonera de culpa a los demás representantes que añadieron enmiendas punitivas a este proyecto y a quienes votaron a favor de él, incluidos treinta y seis demócratas. Esta ley se aprobó por un margen sumamente amplio: 239 a 182. La mayoría de los representantes sabe que es una ley prácticamente imposible de aplicar. Y realmente no aborda el problema de qué hacer con los once millones de inmigrantes que ya están aquí. Además, sencillamente no hay los recursos para identificar, detener y deportar a once millones de personas esparcidas a lo largo y ancho de Estados Unidos. Sin embargo, todos los representantes tienen elecciones en noviembre. Probablemente una de las razones por las cuales el Senado tuvo la habilidad de aprobar medidas más balanceadas sea porque al ser elegidos por periodos de seis años, sólo a un tercio del Senado le toca elección este año. En estos momentos la máxima prioridad para los republicanos es salvar el pellejo y mantener la mayoría, mientras que para los demócratas es recuperar la mayoría y hacer perder a los republicanos. En este clima la política personal y local es mucho más importante que la disciplina partidista. El presidente Bush se ha pronunciado públicamente en apoyo de una solución parecida a la del Senado, pero no creo que los demócratas quieran proporcionarle una victoria que fortalezca su debilitada administración, y los republicanos, si sienten que seguir la pauta de Bush los perjudicará en las urnas, tampoco lo seguirán. Si la iniciativa no llega a convertirse en ley, el reto para la comunidad inmigrante será mantener el impulso adquirido, la presión pública y el tema vivo para seguir la lucha en una nueva sesión legislativa. Si llega a aprobarse una ley, será un proceso complicado. No va a ser nada parecido a una amnistía. Aun en el mejor de los casos, si se adoptara algo más parecido al proyecto del Senado, hay muchos requisitos técnicos y burocráticos que cumplir, y los costos son considerables, particularmente para la clase obrera. Entonces el gran reto será poder explicar la ley y lograr que la mayor cantidad de personas cumplan los requisitos y se acojan a ella. No hay soluciones sencillas. Cualquier desenlace traerá retos para nuestra comunidad. La magnitud de los retos se definirá por si se aprueba o no una ley, y por qué clase de ley es la que finalmente se pondría en vigor y cómo, suponiendo que fuese aprobada.

Como residente del sur de Florida, observo las contribuciones de los inmigrantes en prácticamente todo. Hemos traído diversidad, progreso, tesón, multiculturalismo, color, sabor, ritmo y, sobre todo, energía y vitalidad. En Miami hay un gran número de empleados y patrones inmigrantes hispanos. Miami se ha convertido en la puerta a América Latina gracias a los inmigrantes hispanos que facilitan las transacciones comerciales y los intercambios culturales y turísticos con esa región.

La contribución de los inmigrantes hispanos en escala nacional se palpa en muchas áreas. Nadie deja su país por gusto. No es fácil llegar a un país extranjero y como extranjero. Tener que aprender un nuevo idioma, nuevas costumbres, pasar frío y trabajo. La gente emigra a Estados Unidos por razones muy fuertes, en busca de oportunidades que no existen en nuestros países. Para algunos es la oportunidad de vivir en libertad y democracia; para otros, la oportunidad de ganarse el pan dignamente y lograr una vida mejor para sus familias. Esa poderosa motivación es lo que anima a millones de personas y lo que ha hecho de los hispanos una fuerza trabajadora y emprendedora. Hemos adoptado costumbres de Estados Unidos, pero también hemos compartido con los estadounidenses nuestras costumbres: música, moda, deportes, comida, idioma, apego a la familia, la fe y, sobre todo, el deseo de superarnos. Los hispanos han hecho contribuciones en todas las ramas, pero en estos tiempos, cuando el país se encuentra en guerra, no se puede dejar de hablar del gran número de hispanos, inmigrantes y descendientes de inmigrantes, que luchan en las Fuerzas Armadas de Estados Unidos, defendiendo los valores de este país. Los hispanos que nos hemos integrado a esta nación le tenemos un profundo amor, respeto y lealtad.

El 15 de mayo de 2006 me invitaron a cenar junto con otros seis inmigrantes hispanos de diferentes partes de Estados Unidos con el líder de la mayoría del Senado, Bill Frist. La cena coincidió con el discurso sobre inmigración que el presidente Bush pronunció ante la nación por televisión. En ese discurso Bush anunció que enviaría la Guardia Nacional a la frontera, pero también prometió su apoyo a una reforma migratoria integral que incluirá una vía para la legalización de algunas personas que ya están en el país. Fue una oportunidad única poder compartir las reacciones a ese discurso con el líder del Senado, ya que al día siguiente ese cuerpo legislativo retomaría el tema de la inmigración, después de no haber logrado un resultado con el primer intento, en abril, y luego de dos semanas de receso durante las cuales se efectuaron marchas y actividades en ambos bandos.

La conversación con el senador Frist fue una oportunidad fascinante de poder ver el proceso mental y la estrategia del líder del Senado. Nos dijo que este proceso sería como una competencia de vela y que, como ocurre con los barcos de vela, cuando el viento no está a tu favor, para poder llegar al final hay que navegar en zigzag, unas veces hacia la derecha y otras hacia la izquierda. Nos dijo que él se había comprometido a lograr un acuerdo que el Senado podría aprobar antes de que comenzara el receso del Memorial Day o Día de la Recordación [último lunes de mayo]. También nos dijo que ésta sería la última oportunidad para lograrlo, ya que cuanto más se acercaban las elecciones, más difícil sería lograr un acuerdo sobre un tema tan controversial. Logró su meta, o por lo menos la etapa inicial. Le pregunté por qué hacían esto precisamente en un año de elecciones, cuando todo se complica por la política. Me contestó que como él se estaba retirando del Senado y no se postularía para reelección, no estaría allí el año siguiente para ayudar a aprobar una solución integral. Yo al principio fui muy crítica del senador Frist, y me di cuenta de que había sido injusta. El hombre realmente estaba comprometido con lograr un resultado, pero no era nada fácil conseguir que su rebaño se mantuviera unido y subiera la montaña. El estado que él representa, Tennessee, tiene sólo un dos por ciento de población hispana, y él debe de haber recibido mucha presión de sus votantes para no apoyar ni permitir una reforma integral.

En este proceso hemos visto lo peor y lo mejor de Washington. Ha habido algunos que han aprovechado el tema de la seguridad nacional para dar rienda suelta a sus sentimientos antihispanos. Otros han añadido leña al fuego al apoyar las medidas punitivas para ganar votos en sus distritos o estados. Pero también hemos visto legisladores que han demostrado gran valor y liderazgo. El senador John McCain, pese a que todos pensamos que competirá por la candidatura republicana para presidente, ha hecho probablemente lo menos indicado para ganar el apoyo de las bases republicanas que votan en las elecciones primarias: unir fuerzas con el senador Ted Kennedy para lograr una reforma que no sea sólo proteger las fronteras y castigar a los inmigrantes ilegales, sino dar una oportunidad para la legalización. Ted Kennedy ha demostrado su autoridad y experiencia con el proceso legislativo. Es una voz respetada por sus colegas y pese al paso de los años, no deja de defender una y otra vez las causas en las que cree. En definitiva, hay muchos que nos atacan, pero también hay voces poderosas y valientes que nos defienden y hacen lo que les dictan sus conciencias y no lo que indican las encuestas. Una cosa es evidente: el hispano tiene la obligación de entender mejor el proceso legislativo y político de este país, y hacer esfuerzos por penetrar y afectar ese proceso.

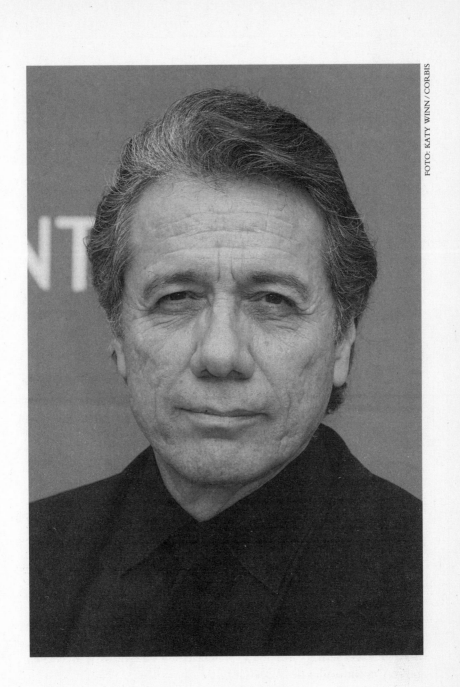

EDWARD JAMES OLMOS

EDWARD JAMES OLMOS nació en Los Ángeles, hijo de padres mexicanos. Estudió psicología en la Universidad Estatal de California, donde descubrió que tenía el don para actuar. En 1978 interpretó el papel de pachuco en la obra de teatro *Zoot Suit,* en Los Ángeles, un drama sobre la vida de los chicanos que debido a su éxito se estrenó en Broadway. Luego interpretó a Gregorio Cortez, un mexicano que vivía en la pobreza, buscado por las autoridades texanas.

En sus treinta años de carrera artística ha interpretado los más diversos personajes, unidos siempre por la vertiente latina. Ha obtenido dos Globos de Oro, un Tony, un Emmy y una nominación para el Oscar. Hace diez años creó el Festival Internacional de Cine Latino de Los Ángeles, que se ha convertido en uno de los escaparates más importantes de este cine en el mundo. Hace algunos años la revista *Hispanic* lo designó en una encuesta «el latino más importante» por su labor como vocero de los problemas de la comunidad hispana.

La influencia del actor fue decisiva entre los hispanos gracias a series como *American Family,* que ofrece el retrato de una familia hispana a través de su vida cotidiana, una saga que reconstruye más de cincuenta años de historia familiar empezando con un bautizo en un pueblecito mexicano en 1915, desde que el padre del narrador llegó caminando a Los Ángeles, hasta la actualidad.

Edward James Olmos compagina su actividad profesional en la pequeña y la gran pantalla con su activismo social. Se ha destacado por su trabajo por la comunidad, particularmente dirigido a la niñez y la juventud latinas. Todos los años realiza cerca de 150 presentaciones en centros de jóvenes en riesgo y es embajador de la UNICEF.

México está perdiendo
a sus ciudadanos y su futuro

Los hispanos están tratando de tener una voz unida y franca para atraer la atención hacia su problemática. El nuevo movimiento hispano es muy importante para la humanidad en este hemisferio. Somos más de 40 millones y seremos cada vez más; nuestro poder crece y tendrán que aprender a conocernos mejor. Dentro de unos años los hispanos dominaremos Estados Unidos. No es la primera vez que los inmigrantes llaman la atención sobre sus problemas. Esta vez la problemática es muy profunda porque no se está atendiendo. Las movilizaciones han servido para llamar la atención del mundo. No se trata sólo de latinos inmigrantes, sino de muchas culturas del Tercer Mundo que tratan de avanzar y venir acá para mejorar el futuro de sus familias. La Cámara de Senadores ha tomado en cuenta a la gente, y últimamente hay quienes violan la ley, como los cazainmigrantes.

La pregunta es por qué hay millones de personas que vienen de Latinoamérica. Es una vergüenza que el gobierno de México no intente entender el futuro de los mexicanos en su propio país. Es una vergüenza gigantesca que en todo el mundo vean cómo México va perdiendo a sus ciudadanos. La gente que tiene en sus manos el poder en México está muy contenta porque los inmigrantes envían remesas a sus familiares, y considera que eso es bueno porque ayuda a la economía del país. Sin embargo, México tiene la responsabilidad de dar trabajo a esta gente pobre, que de veras son humildes y sin instrucción. México está perdiendo a sus ciudadanos y su futuro.

Lo que es importante entender es la vida de los inmigrantes, quienes además de sufrir por tener que venir aquí, somos acusados de quebrantar las leyes estadounidenses. Yo soy mexicano nacido en Estados Unidos porque mis abuelos tuvieron que salir de México expulsados por la Revolución. Desciendo de los Flores Magón: mi abuelo era Ricardo, y mi bisabuelo, Enrique. Con eso entiendo muy bien la historia de México y cómo no ha cambiado el maltrato a los indígenas y a los pobres, que viven por debajo del sesenta por ciento de la línea de pobreza... en un país tan rico como México, que mañana podría ser un Primer Mundo. Pero los poderosos mexicanos no quieren que las cosas cambien: los ricos no quieren convertirse en Primer Mundo porque lo que desean es seguir dominando y oprimiendo a los pobres, que trabajan para ellos por nada. Mi papá fue el primero de su familia en Estados Unidos; tuvo 13 hermanos. Yo soy la primera generación nacida acá. Pude estudiar, pero siempre digo: ¡que lástima que no pude desarrollarme en México! ¡Yo soy ciento por ciento mexicano! Lo malo es que todos tuvimos que salir por culpa del gobierno y el maltrato contra los ciudadanos. ¡En México no ha cambiado nada! ¡Al contrario, se ha puesto peor! Es por la corrupción y más que nada por la política y los privilegios de los poderosos. Los poderosos en Latinoamérica no quieren que sus países se vuelvan como Estados Unidos, donde la clase media sube y puede avanzar si se educa. Aquí los pobres pueden educarse y subir a la clase media, pero en México el pobre no puede avanzar a menos que lo haga ilegalmente. Yo conozco médicos e ingenieros que no pueden trabajar allá a cambio de un buen salario para sostenerse. ¡Es increíble y da mucho coraje! Para muchos en el medio artístico, no soy más que un actor chicano, pero más allá de eso, soy un ser humano y trato de entender la vida a través de lo que me enseñaron mis padres y mis abuelos.

Creo que el efecto de las movilizaciones fue muy positivo. No sé qué va a pasar con la ley Sensenbrenner, pero este país se mueve sobre su economía, y los que tienen más dinero saben que necesitan la mano de obra del inmigrante, de la gente que está cruzando. Por eso creo que todo va ir bien para los inmigrantes. Lo importante es destacar que algo está cambiando aquí. La cantidad de gente que está viniendo se utiliza como pretexto para maltratar a los hispanos, porque nos ven como si fuéramos la causa de todos los problemas. Se ha puesto muy difícil para los latinos en Estados Unidos, y se va a poner aún más difícil. Debemos entender que los inmigrantes tienen que pensar a favor del avance de Estados Unidos. Tienen que dar su apoyo a este país. Los hijos de los inmigrantes finalmente se sienten agradecidos con Estados Unidos y no con los países de origen de sus padres. Estamos perdiendo a los ciudadanos. Algunos mexicanos me dirán que no sé lo que estoy diciendo, y que Latinoamérica está avanzando. Yo sé muy bien que los que avanzan son los que tienen, no los pobres. Los ricos avanzan mucho y los pobres sufren más y más. En el futuro próximo habrá un desastre, porque la gente seguirá saliendo de México. Las primeras generaciones ayudan mucho, pero las segundas y terceras que viven aquí hacen ya vida de estadounidenses y prefieren el capitalismo y deciden olvidar toda la ayuda que pueden dar a su gente. El problema es que México pierde a la gente que más trabaja. Está perdiendo su verdadero potencial. El futuro se prevé aún más difícil en Estados Unidos porque tenemos el fenómeno de los cazainmigrantes, o Minutemen, que están alineándose en la frontera para detener inmigrantes, y está creciendo el número de gente que los apoya. Además, el Ejército está instalado en la frontera, y van a poner a muchos soldados más. Es cierto que detendrán el avance de los inmigrantes, porque irán cerrando cada vez más la frontera. Ahora bien, siempre habrá gente que pueda cruzar, porque para ellos es necesario. Es como si el agua estuviera de este lado, el de Estados Unidos, y del otro lado no hubiera. La gente tiene que ir a donde encuentra el agua, porque si no, se muere.

Yo, que viví el movimiento de los estudiantes hispanos en 1968 y lo reflejé en mi película *Walk Out,* veo que el nuevo movimiento hispano no tiene diferencia alguna. Es lo mismo: es la gente que lucha por sus libertades civiles sin violencia, que intenta tener voz y que sale a la calle. Eso es lo que debería suceder en México. La gente tiene que salir a la calle y comenzar la revolución, no de las armas, sino de los derechos civiles. Porque el gobierno mexicano ya nunca más podrá matar a la gente como hizo en 1968 en Tlatelolco, cuando asesinó a más de cinco mil personas entre niños, mujeres y hombres, aunque dijeron que habían matado sólo a 500. Los latinos, que ahora somos muy fuertes en Estados Unidos y estamos creciendo, si vuelve a ocurrir algo como eso, pegamos un grito acá y comenzamos a entrar para cambiar la cosa, como está pasando en Irak. La serie *American Family,* por ejemplo, explica el porqué de los latinos en Estados Unidos. Es el primer retrato de lo nuestro que ha tocado la conciencia de toda la nación estadounidense. Es la primera vez que se hace una serie dramática sobre una familia latina en toda la historia televisiva del país.

La contribución de los inmigrantes hispanos es enorme. Existe en todos los ámbitos. Y todo va a cambiar. El poder estará con nosotros. Hay que decir que el número creciente de hispanos no se debe sólo a la gente que está viniendo, sino a los hijos de hispanos que nacen aquí. La tasa de natalidad de los latinos es mucho mayor que la de cualquier otro grupo en Estados Unidos. Entre ellos existe un 75 por ciento más de nacimientos que en comunidades como la negra o la anglosajona. El futuro de Estados Unidos está en manos de los latinos, y aunque los anglosajones intentarán parar el movimiento hispano, no podrán conseguirlo porque el voto de este grupo en Estados Unidos es muy fuerte. Hemos visto que han hecho cosas muy feas en este país con el sufragio, pero el voto hispano va creciendo. Lo que está pasando ahora con las marchas va a seguir y creo que ha ayudado mucho. Pero qué vergüenza tener que irse de sus países natales porque allí no pueden sostenerse, especialmente cuando esos países tienen riquezas increíbles. En mi caso, tengo un compromiso: todo va mezclado, ya sea con acciones fuera de las cámaras o a través de los personajes que hago. Siempre intento usar mi tiempo para aportar cosas en beneficio de la gente. La generación que vino en los años cuarenta era totalmente indiferente al entendimiento, pero las generaciones que crecieron aquí después cambiaron y se entregaron a la tarea de entender mejor sus raíces. Los niños que crecimos aquí en los años sesenta cambiamos mucho, y nos encantaba ser chicanos. No me importa para nada llevar la etiqueta de latino; me siento orgulloso de portarla y colocar a los hispanos en lo más reconocido del mundo anglosajón. Hemos sido parte de este país antes incluso de que llegaran los españoles, lo cual sin embargo no se nos reconoce. En las escuelas de Estados Unidos no se enseña nuestra historia. La esperanza está en las generaciones que puedan educarse. Ojalá que la comunidad pueda cambiar y tenga la oportunidad de expresarse.

JORGE RAMOS

JORGE RAMOS ÁVALOS es considerado, según la revista *Time,* como uno de «los 25 hispanos más influyentes de Estados Unidos». Desde 1986 es el conductor titular del Noticiero Univisión, desde donde ha cubierto cinco guerras, numerosos eventos históricos y desastres naturales, y ha entrevistado a las más importantes figuras políticas y culturales de nuestro tiempo.

Ramos también colabora con la Cadena Latina (Latino Broadcasting Corporation) con comentarios de radio en decenas de ciudades norteamericanas, escribe una columna semanal en más de 40 diarios del hemisferio (distribuida por The New York Times Syndicate) y participa con análisis y comentarios en uno de los sitios en español más grandes en Internet (www.univision.com). Es autor de siete libros: *Detrás de la máscara, Lo que vi, La otra cara de América, A la caza del león, Atravesando fronteras, La ola latina* y *Morir en el Intento.* Cuatro de sus libros —*The Other Face of America, No Borders, The Latino Wave* y *Dying to Cross*— han sido publicados en inglés.

Estudió la carrera de Comunicación en la Universidad Iberoamericana de México. Ya en Estados Unidos, cursó estudios en televisión y periodismo en la Universidad de California en Los Angeles (UCLA) y más tarde obtuvo una maestría en relaciones internacionales por la Universidad de Miami.

Jorge Gilberto Ramos Ávalos nació en la Ciudad de México el 16 de marzo de 1958. Desde 1991 vive en Miami. Es el mayor de una familia de cinco hermanos. Tiene dos hijos: Paola y Nicolás.

El hambre es más fuerte que el miedo

El día que se hizo visible lo invisible

Nuestro poder, actualmente, está en los números.

El poder político de los hispanos es muy limitado; hay apenas un gobernador, tres senadores y veintidós congresistas latinos. Pero el verdadero poder de los hispanos radica en su impresionante crecimiento.

Somos más de 50 millones (incluyendo a los ilegales) y seremos muchos más. Para el año 2125 habrá más hispanos que blancos no hispanos en Estados Unidos.

Este país está experimentando una verdadera revolución demográfica que, a fin de cuentas, aumentará drásticamente el porcentaje de hispanos y reducirá el de blancos anglosajones. Y esto tiene enormes consecuencias.

La primera, sin duda, es que el español se está expandiendo muy rápido. Estados Unidos ya es el segundo país del mundo (después de México) donde más se habla castellano. Aquí hay más personas que se comunican en español que en España, Argentina o Colombia.

Es totalmente irrelevante que en el Senado norteamericano quieran convertir al inglés en el «idioma oficial» de Estados Unidos. En la práctica el español se habla tanto o más que el inglés en ciertas partes de Miami, Los Ángeles, Chicago, Houston y Nueva York, por nombrar sólo algunas ciudades.

A los idiomas no se les puede parar con leyes. Y a los inmigrantes con hambre tampoco. El hambre es más fuerte que el miedo. Por eso siguen llegando tantos a Estados Unidos.

Durante años los inmigrantes, sobre todo aquellos que no tienen documentos para vivir legalmente en Estados Unidos, temían protestar por mejores condiciones de vida por el simple miedo a que los deportaran. Pero eso terminó con las marchas y el boicot del 1 de mayo de 2006. Ése fue el día en que se hizo visible lo invisible.

Somos muchos. Y ahí está nuestra fuerza.

Y somos muchos porque todos los años llegan cientos de miles de inmigrantes de América Latina y porque los hispanos tienen un alto índice de natalidad. Una familia hispana tiene, en promedio, tres hijos; las familias anglosajonas y las afroestadounidenses tienen sólo dos. Más de la mitad de los recién nacidos en California son hispanos, y el resto del país sigue los pasos de California.

Durante mucho tiempo se despreció la fuerza de los números. Pero algo cambió en la primavera de 2006. Los hispanos y los inmigrantes, de pronto, se dieron cuenta de que unidos podían cambiar la manera en que los trataban.

Perdieron el miedo.

Este recién descubierto poder quedó a la vista de todos cuando en la primavera de 2006 millones de personas marcharon pacíficamente en Los Ángeles, Chicago y Washington, entre otras ciudades, exigiendo la legalización de los ilegales y criticando una propuesta de ley, aprobada por la Cámara de Representantes, que los considera unos criminales.

Las manifestaciones fueron históricas, tanto por sus cifras como por su mensaje y organización. Y nos tomaron a todos por sorpresa.

Provocaron en muchos hispanos esa combinación de asombro y alegría que surge al ver a un bebé dar sus primeros pasos.

Nadie imaginó que tanta gente saldría a las calles y que esas marchas tendrían un fuerte impacto en el debate migratorio del Congreso. Lo más sorprendente de todo es que tanto el boicot como las marchas surgieron sin líderes visibles. Fueron producto más de un movimiento popular —basado en la frustración ante las leyes migratorias y el maltrato a los indocumentados— que de visionarios.

Del cine a las calles

La idea de que un día todos los inmigrantes, todos los mexicanos o todos los latinos dejaran de trabajar y de comprar —para demostrarle al resto de Estados Unidos lo importantes que son para la economía— llevaba años circulando en la comunidad hispana. Yo la había escuchado montones de veces. Pero lo realmente nuevo fue ponerla en práctica.

El ejercicio de imaginarse qué pasaría en Estados Unidos si, de pronto, desaparecieran millones de sus habitantes fue explorado en 2004 en la película *A Day Without a Mexican (Un día sin mexicanos),* del director Sergio Arau.

«Se va a volver visible lo que para mucha gente es invisible», me dijo Arau en una entrevista que rescaté de mis archivos, explicándome el objetivo de su película.

El filme —con una mezcla de sátira, humor y crítica social— describe el caos, desconcierto y tragedia en una ficticia California cuando una extraña nube hace desaparecer temporalmente a todos los mexicanos, todos: ilegales, residentes legales y ciudadanos estadounidenses.

La idea de la película tuvo su origen en una visita que Arau y la actriz Yareli Arizmendi hicieron a Nueva York hace varios años. Ellos vieron el enorme impacto que tuvo el cierre de museos y galerías en «un día sin arte» para que la gente valorara las aportaciones de los artistas que habían muerto de sida. Y se les ocurrió aplicar la misma idea, pero con los mexicanos.

«Ignorancia y miedo equivalen a odio», me dijo ella en una vieja conversación, refiriéndose al clima antiinmigrante que existía cuando concibieron la película.

El resultado de la experiencia fue, primero, un cortometraje y luego la película que se estrenó en el verano de 2004. Miles de hispanos vieron la película, que recibió amplia cobertura en los medios de comunicación en español.

«¿Y qué pasaría si lo que propone la película se hiciera realidad un día?», escuché muchas veces, más como especulación que como proyecto concreto.

Pero hay ideas que son imparables y que toman vida propia. Y así surgió la idea del boicot del 1 de mayo (que, irónicamente, es la fecha en que se celebra el Día del Trabajo en América Latina).

Varias organizaciones hispanas decidieron no sumarse al paro nacional para evitar despidos masivos, una reacción negativa en el Senado —donde se debatía una reforma migratoria— y el rechazo entre los norteamericanos. Pero el simple hecho de que la idea pudo llevarse a cabo demostró —al igual que las marchas multitudinarias y las protestas de los estudiantes de escuelas secundarias— un nuevo poder hispano y una unión entre latinos nunca antes vista.

Se hizo visible lo que era invisible para la mayoría de los norteamericanos.

Cuando un estadounidense va a un restaurante, no ve a los ilegales que cosecharon sus alimentos, que cocinan la comida y que lavan sus platos. Son invisibles. Cuando un estadounidense compra una casa o alquila un apartamento no ve el trabajo que hicieron los ilegales en su vivienda. Son invisibles.

Varias veces he retado a congresistas y a líderes antiinmigrantes a pasar un día —un solo día— sin beneficiarse de alguna manera del trabajo de los ilegales. Y no pueden. Nadie ha aceptado el reto porque saben que es casi imposible. Sin embargo, los ilegales son invisibles para la mayoría de los que viven en Estados Unidos.

El final de la película *Un día sin mexicanos* es genial: un agente de inmigración de Estados Unidos, en lugar de evitar la entrada de indocumentados de México, le da un fuerte y efusivo abrazo de bienvenida al primer mexicano que trata de cruzar ilegalmente.

Ese final feliz, sin embargo, es improbable ante la situación actual en la frontera. Pero la película es el clásico ejemplo del arte que se adelanta a la realidad.

¿Por qué siguen llegando?

Lo más irónico de todo el debate migratorio en Estados Unidos es que no importa lo que haga el Congreso norteamericano —ni los grupos xenófobos en la frontera—, porque los inmigrantes seguirán llegando por cientos de miles cada año.

Con y sin documentos. Pero seguirán llegando.

¿Por qué? Porque el problema de los ilegales es económico. Mientras sobren trabajadores en México y hagan falta en Estados Unidos, continuará el flujo de inmigrantes de sur a norte. Así de sencillo.

Mientras un mexicano gane cinco dólares al día y sepa que puede ganar exactamente lo mismo en Estados Unidos, pero en sólo media hora, seguirá la migración masiva al norte. Así de sencillo.

México —a pesar de las promesas hechas en el año 2000 por un candidato presidencial llamado Vicente Fox— no ha podido crear un millón de empleos por año. ¿Y qué hacen los jóvenes que no encuentran trabajo en México? Muchos se van a Estados Unidos. Sin esa válvula de escape, México sería aún más pobre.

La mala noticia es que México ni a corto ni a mediano plazo podrá crear todos los empleos que se necesitan para absorber al millón de trabajadores que año con año se suman al mercado laboral. Es decir, México seguirá expulsando millones de trabajadores a Estados Unidos.

Cada minuto, en promedio, un mexicano cruza ilegalmente la frontera hacia Estados Unidos o entra como visitante y luego se queda a vivir. Cada minuto. (O sea, medio millón por año.)

Cada minuto, también, la patrulla fronteriza de Estados Unidos arresta a dos inmigrantes que tratan de cruzar ilegalmente desde México. (En 2005 realizaron casi 1.2 millones de arrestos.)

En conclusión, la línea fronteriza es una coladera: por cada dos arrestos, uno se cuela. Eso es un fracaso del 33 por ciento. La presencia de seis mil miembros de la Guardia Nacional en la frontera no cambia mucho las cosas. Los inmigrantes seguirán entrando.

Pero ya hay dos consecuencias inmediatas: una, que los inmigrantes ahora tienen que pagar de cuatro mil a cinco mil dólares a un coyote (en lugar de dos mil) para cruzar a Estados Unidos, y dos, que los inmigrantes intentarán rutas cada vez más peligrosas, lo que aumentará el número de muertos. (En 2005 murieron 464 inmigrantes en la frontera.)

Estados Unidos, como única superpotencia mundial, tiene la tendencia a creer que puede resolver solo todos sus problemas. No siempre es así.

Estados Unidos se metió en una guerra en Irak sin el apoyo de las Naciones Unidas y ahora es caos y muerte lo que existe allí. No quiso firmar el Protocolo de Kioto para reducir las emisiones de gases de efecto invernadero a la atmósfera, como hicieron la mayoría de los países del mundo, y el calentamiento de la Tierra y los mares parece que se ensañó con Norteamérica; y ahí está *Katrina* y la terrible temporada de huracanes del 2005 de ejemplo. Y en la cuestión migratoria es lo mismo.

Estados Unidos cree que puede controlar su frontera sin ayuda. Pero no es así. Necesita la cooperación de México y de los otros países latinoamericanos para lograrlo.

La cuestión es muy simple. Los inmigrantes —como dice la canción de Willy Chirino— siguen llegando. Entonces se trata de que para ellos sea más fácil registrarse en la frontera —o en los consulados norteamericanos de Tijuana, Monterrey, etc.— antes que arriesgarse a cruzar con un coyote por ríos, desiertos y montañas.

Conclusión: para que se limite drásticamente la entrada de indocumentados y Estados Unidos recupere el control de su frontera, tiene que haber un sistema que de manera realista les dé permisos de entrada y de trabajo a quienes, de todas maneras, van a tratar de entrar.

Tras el boicot y las marchas del 1 de mayo —y yo presencié una impresionante en Nueva York—, hay una contracorriente que busca limitar los derechos de los inmigrantes. Pero las manifestaciones ya lograron su objetivo. Gracias a la extensísima cobertura de la prensa nadie en Estados Unidos puede decir que no sabe de las enormes aportaciones de los inmigrantes, de su precaria situación y de que era necesario cambiar las actuales e ineficientes leyes migratorias.

A Estados Unidos le conviene: los inmigrantes toman los trabajos que los norteamericanos no quieren, pagan impuestos, crean empleos, controlan la inflación y sufragan el retiro de una población que envejece rápidamente. Son, en pocas palabras, un negocio redondo.

Además, sin saber quién vive en el país y sin controlar su frontera sur, la lucha de Estados Unidos contra el terrorismo pierde mucha eficacia. El enemigo de Estados Unidos es Osama, no el ilegal. El enemigo es Osama, no el gobierno de México. El enemigo es Osama y sus células terroristas, no los inmigrantes que hacen de Estados Unidos un mejor país.

«El mojado tiene ganas de secarse»

Esperanza. Mucha esperanza. Eso es lo que he notado en montones de pláticas que he tenido durante los últimos meses con inmigrantes indocumentados. Como dice la profética y, a la vez, desgarradora canción de Ricardo Arjona: «El mojado tiene ganas de secarse». O sea, que legalicen su presencia en Estados Unidos y lo dejen vivir en paz.

La realidad es que mientras exista esa enorme disparidad de salarios entre Estados Unidos y América Latina los inmigrantes seguirán saltándose el «borde». Vamos a suponer, como ejercicio mental, que Estados Unidos pudiera cerrar con su ejército y con nuevos muros los 3 200 kilómetros que lo separan de México. Entonces, ¿qué piensa hacer con sus 20 000 kilómetros de costas? Entraríamos, estoy seguro, en la época de los balseros mexicanos —a la cubana— y a los «coyotes» o traficantes de indocumentados los llamarían «tiburones».

Las propuestas de enviar tropas a la frontera, construir nuevos muros, dar pocas visas de trabajo y convertir el inglés en el «idioma oficial» —en claro rechazo a aquellos que prefieren comunicarse en otro idioma— van en contra de quienes buscan una solución integral y humanista al problema migratorio. Entonces, ¿de dónde surge la esperanza de tantos?

La esperanza nace de algo mucho más profundo. Surge de la convicción de que, en el fondo, Estados Unidos es un país de inmigrantes donde la diversidad y la tolerancia por lo diferente es la regla y no la excepción.

Los inmigrantes tienen esperanzas porque, a la hora de la verdad, confían en que la mayoría de los estadounidenses reconocerá que ellos son un beneficio, y no un lastre, para la economía y la cultura del país. En el fondo *they get it*. De ahí viene su esperanza. Y por eso escogieron este país para venir.

Y mientras, siguen llegando. Pero la gran diferencia es que, ahora, lo invisible se ha hecho visible y ya nadie en Estados Unidos puede cerrar los ojos ante la realidad.

ARTURO S. RODRÍGUEZ

ARTURO S. RODRÍGUEZ nació en Texas, y desde que lo nombraron presidente del sindicato agrícola United Farm Workers of America (UFW), tras la muerte en 1993 de su legendario fundador, César Chávez, ha trabajado incansablemente para continuar la labor de quien lo precedió.

Los afiliados al sindicato han aumentado desde que en 1994 Rodríguez impulsara una audaz campaña de organización y negociación de contratos colectivos. Gracias al énfasis en la organización, el sindicato ha ganado muchas elecciones y logrado la firma de docenas de contratos colectivos con patrones.

Entre las victorias recientes están los acuerdos con los viñedos Gallo, los mayores de Estados Unidos; Coastal Berry Co., el mayor productor de fresas; Jackson & Perkins, el mayor cultivador de rosas, así como pactos que protegen a trabajadores vinícolas del estado de Washington y a agricultores de champiñones en Florida.

Rodríguez se inició en el activismo cuando aún era estudiante en el Saint Mary's College, al participar en el boicot de la uva organizado en 1969 por el UFW. En la Universidad de Michigan, donde obtuvo una maestría en trabajo social, colaboró en los boicots de trabajadores agrícolas de 1971. En 1973 entró a trabajar de lleno en el UFW, donde conoció a César Chávez, quien sería su mentor durante veinte años.

Rodríguez vive en la sede del UFW en Keene, en los montes Tehachapi de California. Tuvo tres hijos, hoy adultos, de su matrimonio con la fallecida Linda Chávez Rodríguez. Actualmente está casado con Sonia Rodríguez.

Al final ganaremos la batalla

El 1 de mayo de 2006 se produjo el mayor paro agrícola de la historia de Estados Unidos. Más de cien mil trabajadores agrícolas participaron en manifestaciones pacíficas, vigilias y marchas que el sindicato United Farm Workers (UFW) organizó o ayudó a planear en extensas regiones de California, así como en Texas, Arizona y el estado de Washington.

Desde los campos de cultivo de fresas y hortalizas del valle de Salinas y el condado de Ventura —ambos en California—, a las plantaciones de uva y zanahoria del valle Central y las zonas vinícolas de los condados de Napa y Sonoma, los trabajadores agrícolas faltaron al trabajo y se volcaron a las calles para manifestarse contra el cruel y racista proyecto de ley de inmigración que había aprobado una Cámara de Representantes dominada por la mayoría republicana. Los jornaleros también se pronunciaron a favor de una genuina reforma migratoria, que incluyera la medida bipartidista de empleos agrícolas AgJobs, auspiciada por el UFW y que forma parte de la legislación integral aprobada por el Senado.

El 1 de mayo más de sesenta mil jornaleros debían presentarse a trabajar en los tres condados costeros centrales de Monterey, Santa Cruz y San Benito, pero los reporteros que ese día recorrieron los campos casi no vieron ninguno. En las enormes empresas del valle Central, como los viñedos de Giumarra y las plantaciones de zanahoria Bolthouse Farms, la producción se paralizó.

Yo marché con treinta mil trabajadores agrícolas y simpatizantes por las calles de Salinas. Al menos veinte mil trabajadores se dieron cita en Bakersfield y más de diez mil en Santa Rosa. Se trató de las concentraciones políticas más numerosas jamás presenciadas por esas y otras comunidades.

Entre tanto, las ocho populares estaciones educativas de la red Radio Campesina —que forma parte del Movimiento de Trabajadores Agrícolas fundado por César Chávez— cancelaron toda la publicidad y a cambio ofrecieron a sus 400 mil radioescuchas, en su mayoría inmigrantes radicados en California, Arizona y el estado de Washington, una cobertura de todo el día de los hechos registrados en Estados Unidos y México.

¿Por qué tan inédita efusión de sentimiento entre los jornaleros y otros latinos del medio rural?

La gente reacciona con indignación cuando se siente víctima de ataques por ser quien es. Propuestas como la de la Cámara de Representantes, que pretende criminalizar a los inmigrantes indocumentados y despojar a sus hijos del derecho a la ciudadanía, reflejan ignorancia, prejuicio e hipocresía.

Ignorancia porque una estratagema tan malintencionada no subsanaría en nada las fallas del sistema migratorio de Estados Unidos. Los informes federales revelan que entre la mitad y dos tercios de los trabajadores agrícolas del país son indocumentados. Según la experiencia de el UFW, en realidad son el noventa por ciento o más. Deportarlos a todos supondría el colapso de la agricultura estadounidense. Sin inmigrantes indocumentados, la sociedad estadounidense ya no podría adquirir la mayor parte de las frutas y verduras frescas que consume, por lo menos muchas de las que se cultivan aquí.

Prejuicio porque demasiadas personas utilizan el asunto migratorio para enmascarar su disgusto por la creciente presencia e influencia de los latinos en muchas partes del país.

Hipocresía porque aquellos que dicen que no deberíamos reconocer a quienes están en el país ilegalmente, ni cooperar en modo alguno con ellos, en realidad se benefician directamente de su trabajo y sacrificio. Esto ocurre cada vez que se llevan a la boca una fruta o una verdura fresca, cuando utilizan los servicios de muchos hoteles y restaurantes, y cuando compran gran parte de los bienes manufacturados o procesados.

El 1 de mayo los trabajadores agrícolas se manifestaron a favor de la única solución genuina para un problema grave, solución representada, en parte, por el plan de empleos agrícolas AgJobs pactado entre el UFW y los productores agrícolas del país. Este plan concedería a los trabajadores agrícolas indocumentados que se encuentran en Estados Unidos el derecho de residencia permanente a cambio de que sigan trabajando en la agricultura. El plan cuenta con el respaldo de 49 senadores de ambos partidos y más de 500 organizaciones entre las que se cuentan empresas, sindicatos, la Iglesia e instituciones de defensa de los derechos de los inmigrantes.

La UFW lleva más de cuatro décadas defendiendo los derechos de los trabajadores inmigrantes. César Chávez y Dolores Huerta colaboraron para acabar con el infame programa de braceros de los años cincuenta y sesenta. En 1973 el UFW fue uno de los primeros sindicatos que se opusieron a las sanciones a los patrones, una ley federal que penalizaba a quienes contrataban trabajadores indocumentados. Huerta, cofundadora del UFW, ayudó a redactar la disposición de amnistía de la ley federal de inmigración de 1986, que permitió a un millón de jornaleros convertirse en residentes legales.

Actualmente el UFW continúa esa tradición por medio del plan de empleos agrícolas y al seguir ayudando a cientos de miles de trabajadores agrícolas a liberarse del miedo y la opresión.

César Chávez escribió: «El instrumento casi perfecto del cambio pacífico [es] permitir a las masas participar activamente en una causa». Eso es lo que hicimos el 1 de mayo y en muchas otras ocasiones. A César también le gustaba citar un pasaje del Evangelio según San Mateo: «Los últimos serán los primeros y los primeros serán los últimos».

Es difícil saber si la reforma migratoria se resolverá este año en el Congreso, y cómo. Pero si de algo podemos estar seguros es de que al final ganaremos la batalla. Para repetir la frase que César Chávez acuñó en 1972: «¡Sí se puede!»

NORA SÁNDIGO

NORA SÁNDIGO es directora ejecutiva de American Fraternity. Nacida en Chontales, Nicaragua, salió muy joven de ese país cuando se iniciaba el régimen revolucionario del Frente Sandinista de Liberación Nacional. Vivió en Venezuela y Francia. En 1988 emigró a Estados Unidos, y al año siguiente, mientras trabajaba en Church World Service, advirtió que no había ningún servicio dirigido expresamente a la gran cantidad de nicaragüenses que llegaban huyendo de la represión sandinista y decidió fundar una organización que los atendiera. Junto con el entonces obispo exiliado Pablo Antonio Vega, en 1989 fundó en Miami la organización Fraternidad Nicaragüense, que luego cambiaría su nombre por el de American Fraternity.

Mientras Fraternidad Nicaragüense brindaba servicios de asistencia inmigratoria, Nora Sándigo realizó una cruzada para conseguir la residencia permanente para los miles de exiliados nicaragüenses que vivían en Estados Unidos. Llevó a cabo esta labor ante congresistas y senadores, los presidentes Bush padre y Clinton, así como ante otras instancias. Como parte de esta lucha, Fraternidad Nicaragüense, bajo su dirección, entabló una acusación contra el gobierno de Estados Unidos por violación de los derechos humanos de los nicaragüenses al negarles el asilo político, la residencia permanente o ambos, demanda que contribuyó a que la administración de Clinton colaborara en la consecución de la ley conocida como NACARA, en noviembre de 1995, ley que benefició a nicaragüenses, salvadoreños, guatemaltecos, cubanos y personas de otras nacionalidades.

Nora Sándigo sigue contribuyendo a la lucha por la aprobación de una ley que beneficie a la mayor cantidad posible de inmigrantes indocumentados.

Ya no somos fantasmas

«Nuestra comunidad y la legislación de inmigración»

La marcha del día 1 de mayo de 2006 en apoyo a los inmigrantes ilegales fue histórica. Nunca como en esa ocasión se había visto a la comunidad hispana de Estados Unidos galvanizada alrededor de un tema como el de la inmigración.

Poco a poco hemos visto que gran parte de los que participaron en las marchas eran residentes legales o ciudadanos norteamericanos. También marcharon los ilegales que vencieron el miedo enorme que despertó el Servicio de Inmigración con las redadas que precedieron a las marchas. Ellos lograron hacer acopio de ánimo y participar de todas formas; el miedo se fue con ellos a marchar en contra de la inequidad y el abuso. Se requiere mucho valor para salir a marchar cuando uno no tiene documentación legal, a riesgo de ser detenido por inmigración y luego ser deportado, como les ocurrió a muchas personas.

Realmente los inmigrantes ilegales han cumplido la misión de chivo expiatorio o lo que los estadounidenses llaman *whipping boy* (niño al que se azota), papel que solían desempeñar los pequeños esclavos negros y, en Europa, los pajes de los hijos de los grandes señores, a quienes no se castigaba corporalmente, sino que se utilizaba al paje en su lugar para ese fin.

El señor Bin Laden hizo un gran daño a los inmigrantes ilegales al enviar aquí a sus emisarios a asesinar a tanta gente inocente, pues los que ahora pagamos los platos rotos somos los inmigrantes, en particular los latinos. Aquí se aplica la famosa frase: «No busco a quien me la hizo; busco quien me la pague». Triste realidad en un país que se enorgullece de ser una nación de leyes y no de caprichos de hombres. Pero en el caso de los ilegales, las pasiones han venido a cambiar esa bella imagen de lo que ha sido el imperio de la ley en Estados Unidos.

Nosotros creemos que a pesar de lo difícil que resultó para los indocumentados salir a marchar, fue un despertar para una comunidad dormida que ahora se ha percatado de que tiene alma y músculo. Nuestra comunidad hispana fue la minoría sordomuda de Estados Unidos en la segunda mitad del siglo XX. La barrera del idioma es tan formidable que ni ellos nos entienden a nosotros, ni nosotros a ellos. Ni ellos nos escuchan, ni nosotros los escuchamos. Vivimos con ellos, pero fuera de ellos, y en su realidad somos unos fantasmas que vivimos en el exterior de lo que es el sueño americano, aunque físicamente estemos a su lado. Ahora las marchas nos han dado forma física; ya no somos fantasmas.

Esa experiencia ya la vivieron los negros estadounidenses antes de las luchas de Martin Luther King, el apóstol de los derechos civiles de Estados Unidos. Si él aún viviera, habría marchado con nosotros para denunciar la iniquidad de la que son víctimas los extranjeros ilegales en la «Tierra de los Libres». Las marchas hicieron historia y realmente lo que ha ocurrido es aleccionador para esta comunidad, pues nos ha enseñado que tenemos más fuerza de lo que jamás habíamos soñado. Aleccionador también ha sido para los norteamericanos, pues por fin se dieron cuenta del increíble número y el poder de la gente que vive entre ellos y que muchos rehúsan aceptar como seres humanos. ¡Cuánto miedo deben de haber sentido aquellos que nos odian y nos explotan! ¡Ese mar de seres humanos unidos, ese enorme grupo de sordomudos marchando! Hasta el Congreso de Estados Unidos nos vio y tomó nota de nuestra presencia acá. Para bien o para mal, ya saben que estamos aquí y que estamos resueltos a que nos traten con la dignidad, la justicia y el respeto que merece todo ser humano.

Podemos sentarnos tranquilamente a esperar los resultados de estas marchas. No hay mayor poder en una democracia que el factor de los números. Los legisladores estadounidenses saben muy bien que esos millones de sordomudos en las calles son futuros votos altamente politizados que decidirán elecciones al Congreso y a la presidencia. Aquí vale la pena considerar aquello que decían los abuelos: «Quien siembra vientos cosecha tempestades». Cuando los miembros del Congreso alzaron la bandera contra los inmigrantes ilegales buscando utilizarlos como chivos expiatorios en la guerra contra el terrorismo, ellos solos marcaron el futuro político de sus partidos. Nada más contraproducente que echar leña al fuego y añadir insultos a la herida que ya existe en el inmigrante ilegal. El indocumentado sabe que aunque aquí gana lo suficiente para hacer sus remesas, la verdad es que es explotado por gente sin escrúpulos para obtener ganancias y lucro inmoderado. Son indocumentados, no son discapacitados. Pero la verdad es que muchos de los líderes de la causa antiinmigrante que se rasgan las vestidu-

ras por la «invasión latina» son simplemente hipócritas y racistas
que se sirven de la ignorancia de los ciudadanos de Estados Unidos para fomentar la xenofobia que los mantiene en sus puestos y
con prebendas. Después verán con sorpresa que «estos lodos son
producto de aquellos polvos», sin aceptar que son ellos los que están plantando semillas de odio y rencor. Quizás ésa deba ser nuestra mayor tarea y labor en la comunidad hispana: enseñar que al
odio debe responderse con amor; y que este país, de fundación
cristiana, ha tenido errores cometidos por algunos de sus hijos, pero que esos errores deben tomarse como faltas de ciertos individuos para engañar al pueblo estadounidense diciéndole que el
inmigrante está aquí para robarle su trabajo, para destruir su democracia, para atentar como terroristas y para acabar con la paz en Estados Unidos.

Es muy triste ver cómo algunos congresistas de Estados Unidos
usan las más viejas retóricas nazis para fomentar proyectos de ley
que asombrosamente la Cámara de Representantes llegó a aprobar.
Sin embargo, con la sabiduría que caracteriza a los senadores norteamericanos, éstos presentaron un proyecto de ley que el presidente George W. Bush les pidió desde hace ya cuatro años y se lo
siguió pidiendo año tras año hasta que por fin el proyecto se aprobó, hoy se discute en el Congreso y tiene muchas posibilidades de
prevalecer sobre la mezquina y miope ley Sensenbrenner, que qui-
siera hacer de todo indocumentado un criminal. El señor Sensenbrenner no se dio cuenta de que toda la población penal de Estados
Unidos, incluyendo presos federales, estatales y municipales, suman escasamente 2.1 millones de personas y que si se criminaliza
a los extranjeros indocumentados habría doce millones de criminales a los que sería imposible detener, encausar y procesar. Básicamente el efecto de tener doce millones de criminales adicionales

detendría totalmente el funcionamiento de la justicia de Estados Unidos a escala federal y estatal.

Estas «ideas grandiosas» de «sacarlos a todos cueste lo que cueste», basadas en el odio racial, tienen la característica de ser totalmente irracionales. La motivación del autor y las consecuencias del proyecto han dado como resultado que el señor Sensenbrenner, padre del proyecto de la Cámara de Representantes, ahora esté buscando que se reduzca de felonía a falta *(misdemeanor)* el hecho de estar indocumentado en Estados Unidos. Aun con ese cambio, el proyecto de ley sigue siendo ridículo e inoperante.

Transformar en delito una transgresión del orden civil es absurdo cuando el número de los inmigrantes indocumentados que entran en la ecuación es inmanejable. Resulta infantil tratar de construir un castillo de hadas con muros llenos de aparatos electrónicos para detener la entrada de ilegales en la frontera sur, cuando un muro es tan eficaz como la gente que se pone a cuidarlo. Los seres humanos somos muy adaptables, y ese muro tendrá tantos agujeros como los que puedan hacer quienes traten de penetrarlo. La corrupción perforó la Muralla China mucho antes de que Gengis Khan la arrollara rodeándola para entrar sin ningún obstáculo. Hacer leyes que no son prácticas en su ejecución es crear artificios demagógicos para engañar a los ingenuos que no alcanzan a identificar el fraude. No es posible ejecutar nada de la iniciativa Sensenbrenner sin recurrir a las prácticas que los nazis usaron para perpetrar el Holocausto.

Hay algunas preguntas de rigor para quienes no quieren aceptar que el asunto debe abordarse como un problema que afecta a seres humanos. ¿Cómo se almacena o encarcela a doce millones de seres humanos; cómo se les transporta, se les encausa ante tribunales federales, cómo se logra que esos tribunales no se paralicen por el exceso que esta carga provocaría en su trabajo, cómo se obtiene la cooperación para aceptar el regreso de estos infelices por parte de sus países de origen, cuando esos gobiernos se den cuenta de que este país viola los derechos humanos mas básicos de estos pobres indocumentados? ¿Cómo se logrará, una vez que se haya deportado diez veces a un mismo individuo, que se quede en su país de origen y abandone la idea de reunirse con su esposa, sus hijos, su casa, sus negocios, etc.? ¿Se le aplicará la pena de muerte por sus repetidas violaciones del territorio de Estados Unidos? ¿Se le considerará un «combatiente invasor desarmado»? Y después de hacer todo lo que tengas que hacer para sacar hasta el último indocumentado, ¿como lograrás mirarte al espejo y decir con orgullo que eres norteamericano?

El odio ciega al odiador. Por eso pensamos que este proyecto no tiene ni pies ni cabeza y no creemos que tenga cabida en una legislación federal. Esperamos que en el Congreso los señores legisladores, tanto representantes como senadores, iluminados por el Espíritu Santo, entiendan que el problema no se resuelve a patadas ni declarando criminales a quienes sólo buscan trabajo y pan, sino con mucha racionalidad, paciencia, cariño para él y consideración humana.

Nosotros participamos en las marchas con todo entusiasmo. De la misma forma rechazamos el boicot que se pretendió hacer en contra de los productos norteamericanos. Nuestra lucha no es por destruir la economía estadounidense, sino todo lo contrario. Luchamos por que ésta crezca cada vez más. Ahora en Miami, después de que el Servicio de Inmigración ha decidido perseguir con nuevos bríos a los trabajadores ilegales, la construcción se ha semiparalizado, muestra clara de que nuestros hermanos ilegales sólo buscan trabajar honradamente y de que sin su concurso la economía de este enorme y gran país también sufre y se ve afectada. El capital humano, el cerebro y el músculo que dan los inmigrantes ilegales a Estados Unidos, es parte de la sangre que mueve el corazón de este gran país.

ROBERTO SURO

ROBERTO SURO es director del Centro Hispánico Pew, instituto de investigación con sede en Washington, D.C., fundado en julio de 2001 con el apoyo de la Institución Benéfica Pew. A través de encuestas y proyectos de investigación, el centro sirve como base de datos independiente sobre el rápido crecimiento de la población latina y sus implicaciones en el país.

Suro, que durante años fue periodista, lleva más de 30 escribiendo sobre temas hispanos y de inmigración. Es autor de *Strangers Among Us: Latino Lives in a Changing America,* así como de numerosos informes, artículos y otras publicaciones que tratan sobre el crecimiento de la población latina. Como periodista, Suro colaboró con la revista *Time,* el *New York Times* y *The Washington Post,* entre otros. Ha sido corresponsal en Washington, Latinoamérica, Europa y el Medio Oriente. Cursó estudios en las universidades Yale y Columbia.

Aquellos que vivían a la sombra
salieron a la luz

¿Qué significaron las marchas? Comenzaré por las camisetas blancas y los niños. Los «descamisados» de Estados Unidos recurrieron a la más sencilla de las prendas al llevar camisetas blancas sin adorno alguno. Escogieron un color que más bien es una combinación de todos los colores. Eligieron el color que se crea al mezclar distintos tonos hasta lograr que todos y cada uno se hagan invisibles. Se trata, a la vez, del más simple y el más complejo de los colores, al igual que el mensaje de las marchas: «Estamos aquí. Formamos parte de ustedes».

El blanco es el color de la luz. Y por medio de las marchas los participantes se llenaron de luz. Se hicieron visibles. La luz es la ausencia de sombras, y aquellos que vivían a la sombra salieron a la luz y se bañaron en ella.

¿Quién lleva niños a una manifestación? Pues bien, ellos salieron a las calles con niños como quien sale de paseo: los llevaban a hombros, en sus cochecitos. En vez de «marchas», estos actos habrían podido llamarse «los paseos de los inmigrantes».

Cuando uno va acompañado de niños, es difícil mostrarse contrariado, con ganas de enfrentarse o de provocar. Teniendo en cuenta el ambiente que se respiraba —la ausencia de estridencias o de ira—, resulta difícil calificarlo de protestas. El nombre que se ajusta a la esencia de estos hechos viene del español. Literalmente, fueron «manifestaciones». Es decir, lo que la gente hizo fue manifestarse. Se hicieron visibles. No tuvieron que decir demasiado; se limitaron a concentrarse en el ágora, en el espacio que hizo posible un diálogo cívico. Con su mera presencia lanzaron un poderoso mensaje.

Y a todos sorprendió lo numerosa que resultó la convocatoria. Una y otra vez en la primavera de 2006, el volumen de las marchas fue algo inesperado. Incluso al principio, nadie se explicaba cómo se había logrado tal poder de movilización.

Se debió, en parte, a la convocatoria de los *deejays* o locutores de radio. Y esas voces incorpóreas, que provienen de personajes sonoros, irreverentes y salpicados de humor, consiguieron diseminar el mensaje. La radio es un referente para una población desperdigada y casi siempre ajetreada. Esto ocurrió de camino al trabajo en las autopistas con la radio encendida. Los *deejays* llegaron a las familias, a los barrios e incluso a las diferentes nacionalidades. Pero ellos sólo fueron los medios, no el mensaje. No fueron el motor de las marchas ni los únicos que propagaron la consigna.

Los cientos de miles, los millones que se reunieron en docenas de ciudades a lo largo y ancho de Estados Unidos, mostraron estar conectados entre sí de una manera extraordinaria, algo que sorprendió tanto como la cantidad. Es de todos sabido que el flujo de inmigrantes latinos en Estados Unidos es posible gracias a la institución de la familia. Los familiares ayudan a los recién llegados y la inmigración de ilegales a gran escala no sería posible sin la ayuda de parientes que tienen estatus migratorio legal o son ciudadanos estadounidenses y pueden dar cobijo a quienes llegan sin «papeles». Pero estas familias han funcionado movidas por las necesidades individuales y no por razones de índole política. Sin embargo, la multitud en las calles representó otro tipo de vínculo y de comunidad.

Las marchas fueron posibles porque la comunidad inmigrante latina tiene un tejido social mucho mayor de lo que se creía. Las iglesias, los sindicatos, las asociaciones deportivas, organizaciones cívicas y comunitarias movilizaron a las masas. Las coaliciones por los derechos de los inmigrantes establecidas desde Memphis a Chicago, pasando por Washington, facilitaron la estructura organizativa y la capacidad de convocatoria a escala nacional. En conjunto, esta diversidad de entidades produjo la mayor expresión pública de latinos o inmigrantes que se ha visto jamás. En muchos aspectos, se trató de la mayor concentración de estas características en la historia de Estados Unidos.

Todos estos grupos y organizaciones llevaban años desarrollándose, al igual que las redes familiares de los inmigrantes y las interconexiones, por medio de los medios de comunicación en español. Todos se agruparon en la primavera de 2006 como respuesta a la provocación que supuso la legislación aprobada en la Cámara de Representantes, una medida que habría criminalizado a todos los inmigrantes ilegales y a quienes les prestaran ayuda. Esa amenaza encendió la chispa de una reacción adversa. Las marchas fueron más una respuesta que un gesto de afirmación, y cabe preguntarse si se habrían dado en caso de no haber existido dicha amenaza por parte de ciertos sectores políticos. Las diversas entidades que se agruparon para hacer realidad las marchas (incluyendo a los propios manifestantes) no siempre estuvieron de acuerdo en cuanto a lo que unas y otras creen que debería ser la política migratoria de este país. Pero sí coincidían en lo que rechazaban. A la vez que en Washington la amenaza se diluía en un punto muerto legislativo, las manifestaciones se esfumaron de las calles. Mientras los grupos a favor de los inmigrantes luchaban por encontrar votos a favor de un acuerdo que diera luz verde al menos a un programa limitado para regular a los ilegales, nadie salió a las calles para brindar su apoyo. La pregunta flotaba en el aire cuando la primavera dio paso al verano: ¿fueron las marchas un comienzo, un primer capítulo, el inicio de un nuevo movimiento social, o simplemente se limitaron a ser la reacción de un día frente a una particular amenaza?

A pesar de la extraordinaria energía que emanó de las camisetas blancas, los niños y los *deejays,* ahora las marchas parecen haberse desdibujado. Bajo la luz primaveral, una comunidad populosa se unió y se hizo visible en las ciudades de Estados Unidos, movilizada por un objetivo común. Pero luego todo acabó. Los manifestantes volvieron a sus casas y a sus trabajos. De nuevo fueron individuos que intentaban sacar adelante sus vidas. Queda por ver si volverán a congregarse en un espacio público de manera masiva y con un propósito. Pero el haberse hecho visibles una vez imposibilita que desaparezcan del todo de nuevo. A lo largo de calles recubiertas de blanco, los latinos dijeron: «Estamos aquí. Somos parte de ustedes». El mensaje perdura.

ÁLVARO VARGAS LLOSA

ÁLVARO VARGAS LLOSA dirige actualmente el Centro de Prosperidad Global, que pertenece al Instituto Independiente. Escribe una columna sindicada que se publica en Estados Unidos y en el extranjero a través del Washington Post Writers Group.

También es autor de numerosos libros sobre Latinoamérica y los países en vías de desarrollo. Entre los más conocidos se cuentan *Libertad para Latinoamérica*, *El Che Guevara y el futuro de la libertad*, *El diablo en campaña*, *La mestiza de Pizarro* y *Manual del perfecto idiota latinoamericano*, escrito en colaboración con Carlos Alberto Montaner y Plinio Apuleyo Mendoza.

Álvaro se graduó en historia internacional en la London School of Economics. Reside en Washington, D.C.

Una agenda hispana

La anécdota más elocuente relacionada con el 1 de mayo tiene que ver con una muchacha que limpia un edificio contiguo al lugar donde tengo mi oficina. Todas las mañanas, desde hace un año, paso delante de ella y la saludo. No sé nada de su vida: sólo sé que es amable con los transeúntes que pasan ante ella, aunque muy tímida. Tres días antes de la manifestación me abordó por primera vez y me dijo: «Están haciendo redadas en Gaithersburg, en Maryland. Se han llevado a cien por mi barrio. Anoche me fui a dormir a otra parte». Lo dijo con voz medio conspirativa, como quien pronuncia una contraseña para iniciados. Y añadió: «Voy a estar allí el 1 de mayo».

Esto me sorprendió mucho y me transportó, por unos segundos, a Lima, donde, en julio de 2000, en vísperas de una manifestación que llamamos «la Marcha de los Cuatro Suyos», los detractores de la dictadura de Alberto Fujimori nos pasábamos mensajes en ese mismo tono, advirtiendo dónde estaban ocurriendo las peores redadas. No hay comparación entre las libertades de Estados Unidos y la dictadura de Fujimori, pero la anécdota indica lo tenso que estuvo el aparato del Estado norteamericano en los días previos a las manifestaciones del 1 de mayo. Lo que me contó la limpiadora fue para mí un síntoma inequívoco del miedo que

141

se apoderó por unos días del aparato burocrático de este maravilloso país ante una simple convocatoria a los inmigrantes para que expresaran su pacífico rechazo a la ley de la Cámara de Representantes. Eso me demuestra que el Estado, reflejando el sentimiento de una minoría muy recalcitrante de este país, está a la defensiva y ve al hispano como un enemigo infiltrado en esta sociedad. Esto es muy mala noticia.

Me temo que en lo inmediato las marchas y boicots han reforzado a los enemigos de la inmigración, pero a la larga habrá un resultado beneficioso porque todo esto es parte de un proceso mediante el cual los hispanos se están insertando ya en el engranaje político de este país. Y en una democracia como la estadounidense, la fórmula del éxito —como lo demostraron los cubanos en su día, y mucho antes los judíos— es insertarse en el complejo mundo de las facciones organizadas para poder ejercer influencia sobre el sistema. Lo ideal sería que esto no fuera necesario y que las reglas fueran iguales para todos. En la práctica no es así, y la única forma de evitar que una facción contraria te perjudique es influyendo en el proceso político. Ya se ve venir el momento en que existirá una «agenda hispana», es decir, un conjunto de temas que van a movilizar el voto hispano de un modo que antes no se daba. Hasta ahora no había una «agenda hispana». El votante hispano votaba por los mismos temas que otra gente. Ahora va a sumar a esa lista temas muy puntuales, como las leyes migratorias. Esto va a permitir oponer resistencia, de acuerdo con las propias reglas de la democracia estadounidense, a quienes, desde un Congreso que representa de manera desproporcionada ese sentimiento contrario a la inmigración, quieren legislar de un modo abusivo. Apunto, lateralmente, que no me parece sano que el sistema funcione así porque a la larga incentiva a los grupos de presión, que tuercen las leyes. Pero en este caso no veo otra forma de que los hispanos eviten leyes antiinmigrantes que organizándose para influir.

La ley promovida por Sensenbrenner y aprobada en la Cámara de Representantes es un despropósito mayúsculo. Su mayor error es que en lugar de tratar de adaptar las leyes a la realidad pretende lo contrario: forzar a la realidad a ajustarse a unas leyes que hace mucho rato fueron desbordadas por los hechos. Durante la Colonia inglesa, en este país se daba un gran desfase entre la legislación comercial restrictiva y el contrabando, que no era otra cosa que la respuesta de la realidad a unas normas irrealistas. A la larga, lo que permitió en parte la prosperidad de Estados Unidos fue que las leyes se adaptaron a la realidad, en lugar de hacer lo contrario.

En cuanto a la ley del Senado, es mejor que la de la Cámara de Representantes porque acepta que no se puede deportar a once millones de indocumentados y propone una vía para conciliar el objetivo de quienes quieren reforzar la frontera con la tolerancia de quienes entienden que a los millones de personas que ya están viviendo y trabajando en este país se les debe legalizar en su gran mayoría. Sin embargo, creo que es una ley insuficiente y que tarde o temprano será desbordada por la realidad otra vez (en caso de que esta ley prevalezca y sus puntos principales sean aceptados por la Cámara de Representantes).

La única ley razonable es aquella que, además de legalizar la realidad, abra las puertas para que en el futuro todo aquel estadounidense que quiera contratar a un inmigrante pueda hacerlo de forma legal. ¿Por qué la burocracia debe imponer a un empresario qué trabajadores puede y no puede contratar? Entiendo bien que el clima político para este régimen flexible no se da hoy en día. Pero todo eso puede cambiar. Recordemos que cuando George W. Bush llegó al gobierno una de sus primeras propuestas fue legalizar a millones de indocumentados... y nadie se quejó. Si no fuera por los atentados contra las Torres Gemelas, la discusión de hoy no se estaría dando. Al menos no en los mismos términos. Mucho me temo que la psicosis en materia de seguridad generada por el 9/11 y los temores que está despertando el mundo vertiginoso de la globalización van a hacer difícil que en lo inmediato prime la razón en este tema. Creo que la ley que saldrá de las negociaciones entre las dos Cámaras llegará tarde, mal y nunca. Hay que reconocer que en este tema Bush tiene un buen instinto, aun si hace más concesiones de las que debería al ala xenófoba de su partido.

Las contribuciones de los hispanos inmigrantes a Estados Unidos son enormes desde todos los puntos de vista. En lo económico, baste recordar que los hogares hispanos ya representan un valor total de más de 700 mil millones de dólares y que para 2010, año que está a la vuelta de la esquina, los hispanos serán dueños de más de 3.2 millones de negocios. El poder de compra de los hispanos ha crecido a un ritmo tres veces superior al de los demás.

En lo cultural, no se diga nada: los hispanos practican valores que muchos estadounidenses ya no practican, como el matrimonio o la religión. Una cuarta parte de ellos se declaran cristianos «vueltos a nacer», cifra que está muy por encima incluso de la que se da entre los hispanos que viven en América Latina. La ironía de todo este debate es que en las últimas elecciones presidenciales más del 40 por ciento de los hispanos votaron por el Partido Republicano precisamente porque se identifican con su mensaje de superación individual, con su ética del trabajo y con su sentido de los valores familiares. Y hoy son esos mismos republicanos conservadores los que quieren enviarlos de regreso a sus países… Lo único en lo que tienen razón estos republicanos y algunos demócratas que los apoyan es en que resulta injusto y abusivo que muchos hispanos vengan a vivir de los demás mediante el sistema asistencialista. Pero ésa no es la razón por la que vienen, como lo demuestra lo trabajadores que son. De todas formas, la mejor respuesta a eso es reformar el Estado asistencialista.

El rechazo al uso del español o al hecho de que algunos hispanos mantengan sus costumbres originales evidencia un desconocimiento de este país: decenas de grupos de inmigrantes hicieron lo mismo a todo lo largo del siglo XX, incluyendo por ejemplo los italianos y los polacos, sin poner en peligro la cultura de Estados Unidos (al contrario: la enriquecieron y ampliaron). Y todavía es muy frecuente que un estadounidense con remotos ancestros irlandeses especifique que es *Boston Irish* o *New York Irish* cuando dice su procedencia. Por lo demás, sólo diecisiete de cada cien hispanos hablan únicamente español, de modo que la idea de que el hispano no aprende el idioma de los estadounidenses es un mito. La segunda generación prefiere ver televisión en inglés, como lo sabe el señor Perenchio, que está vendiendo Univisión en parte porque no cree que en el futuro el impresionante ritmo de expansión de ese medio pueda continuar dado que la mayoría de los hispanos son nacidos aquí y las nuevas generaciones prefieren el inglés.

EPÍLOGO

GEORGE W. GRAYSON

GEORGE W. GRAYSON es profesor de la Universidad William and Mary, en Williamsburg, Virginia, y autor de *Mesías mexicano: Una biografía crítica de Andrés Manuel López Obrador.*

Está asociado al Centro de Estudios Estratégicos e Internacionales de Estados Unidos, es catedrático asociado del Instituto de Investigación de Política Exterior del mismo país y consejero para asuntos de México del Capital Insight Group, en Washington, D.C. Ha escrito más de 25 libros, entre los que destacan *Beyond the Mid-Term Elections: Mexico Political Outlook: 2003-2006* y *Mexico: the Changing of the Guard,* así como *Strange Bedfellows: NATO Marches East* y *Mexico: From Corporation to Pluralism?* Se doctoró en la Escuela Paul H. Nitze de Estudios Internacionales Avanzados, de la Universidad Johns Hopkins, en Baltimore, Maryland. Fue miembro de la legislatura del estado de Virginia de 1973 a 2001.

El voto hispano: un factor determinante

El choque sobre inmigración es una cuestión política

El 1 de mayo, o Un día sin inmigrantes, sacó a las calles de las principales ciudades de Estados Unidos a cientos de miles de hispanos y simpatizantes. Aunque es posible que este hecho haya influido en la decisión de los cien senadores de votar a favor de una reforma migratoria, los manifestantes propiciaron el endurecimiento de las posturas de los republicanos —también conocidos como el Gran Partido Viejo o GOP— en la Cámara de Representantes, que consta de 435 miembros.

Por eso ahora es menos probable que se cumplan los deseos del gobierno mexicano; es decir, que los inmigrantes ilegales accedan a la ciudadanía estadounidense y la ampliación del programa de trabajadores temporales.

El Senado de Estados Unidos ha adoptado muchas de las medidas que los activistas del 1 de mayo reivindicaban, por medio de la legislación conocida como S-2611. Con esta iniciativa aumentaría considerablemente —a 200 mil— el número de trabajadores temporales dispuestos a desempeñar labores que, supuestamente, «los estadounidenses no quieren hacer». También trazaría el camino hacia la naturalización de los doce millones de mexicanos que residen ilegalmente al norte del río Bravo y aumentaría las multas que se imponen a quienes contratan indocumentados y a quienes se dedican a introducirlos ilegalmente en Estados Unidos.

Aunque la ley S-2611 proyecta construir una alambrada de 480 kilómetros a lo largo de la frontera, el gobierno de Estados Unidos se vería obligado a consultar con su homólogo mexicano antes de poner en marcha dicha construcción.

Este proyecto de ley también permite a los diferentes estados cobrar a los inmigrantes ilegales las matrículas en las universidades públicas. Se trata de costos mucho más bajos que los que deben pagar los estudiantes que vienen de otros estados.

La Cámara de Representantes ha postergado la discusión de esta reforma migratoria, lo cual quiere decir que no se someterá a votación en 2006.

A menos que los demócratas proinmigrantes alcancen la mayoría en la Cámara de Representantes en las elecciones del próximo 7 de noviembre, los republicanos, que ahora son mayoría, están listos para desmontar esta legislación en 2007 al proponer otras medidas. La mayoría de los republicanos ha adoptado una postura a favor de «la ley y el orden» en lo que respecta a la inmigración. Este punto de vista promueve la persecución de los trabajadores ilegales, favorece penas más fuertes contra los negocios y empresas que contravienen la ley, está en contra de que haya más trabajadores temporales y pide que se levanten 1 125 kilómetros más de muro en la frontera.

¿Por qué una legislación aprobada por un amplio margen en el Senado se enfrenta con un futuro tan negro en la Cámara de Representantes? La respuesta se halla en la esencia de estas dos entidades.

Sólo un tercio de los cien senadores son susceptibles de reelección este otoño. Lo cierto es que la mayoría de los que aparecen en las papeletas de votación tienen asegurado su escaño, lo que les da carta blanca para hacer caso omiso de la opinión pública a la hora de votar por esta legislación. Hay excepciones (es decir, senadores que podrían enfrentarse con una derrota): el demócrata Bill Nelson, de Nebraska, y los republicanos Rick Santorum, de Pensilvania, y Lincoln Chafee, de Rhode Island.

A esto debemos añadir que al menos 14 senadores contemplan la posibilidad de aspirar a la Casa Blanca en 2008. Todos estos aspirantes, excepto George Allen (de Virginia) y Santorum (de Pensilvania) —ambos republicanos—, se proponían atraer el voto latino al apoyar la propuesta migratoria del Senado.

El voto hispano cobra más importancia en las elecciones presidenciales que en los años en que no hay elecciones generales. Estos votantes se concentran en estados de mayor peso electoral, un factor determinante a la hora de elegir presidente.

Si los hispanos votan en bloque, su voto puede ser fundamental en estados como California, Texas, Nueva York, Florida, Illinois o Nuevo México. Sólo dos estados prorratean sus votos electorales. Los otros 48 siguen el sistema de que el ganador se lleva todos los votos, lo que concede la victoria al candidato que logra más votos de los ciudadanos del estado de que se trate en el Colegio Electoral.

Además, mientras más atención mediática hay, más ciudadanos de bajos recursos, incluidos inmigrantes recién llegados de Latinoamérica, participan en las elecciones presidenciales.

Es más, hasta hace poco ningún senador tenía en su agenda el control migratorio como prioritario, a diferencia de lo que ha ocurrido en más de una docena de casos en la Cámara de Representantes. No fue sino hasta hace poco cuando Jeff Sessions, senador republicano de Alabama, se movilizó para detener el flujo de trabajadores ilegales.

En la línea de fuego

Mientras que sólo un tercio del Senado debe enfrentarse al electorado este año, los 435 miembros de la Cámara de Representantes pasarán por las urnas. Por regla general, quienes compiten por la reelección tienen su escaño asegurado porque cuentan con un gran respaldo monetario, son más conocidos que sus rivales y los distritos los favorecen. En consecuencia, 98.5 por ciento de los legisladores vigentes son reelegidos.

Este año, sin embargo, es difícil predecir el resultado de la contienda electoral. Los estadounidenses están descontentos con la gestión del gobierno federal tras el desastre de Katrina, el conflicto con Irak, el aumento del precio de la gasolina, los escándalos en el Congreso y la amenaza que representan países como Corea del Norte e Irán.

Los legisladores republicanos también están asustados ante el bajo índice de popularidad del presidente Bush, que está sólo unos puntos por encima de lo que se encontraba Nixon en vísperas de su renuncia en agosto de 1974, poco antes de que el Senado lo encausara por perjurio. A menos que el atribulado Bush consiga revitalizar su imagen, en el otoño esto le costará muchos votos al candidato republicano medio.

No podemos olvidar, además, la porosa batalla que se libra en la frontera con México. En parte, las marchas del 1 de mayo provocaron reacciones adversas porque algunos manifestantes exhibieron banderas mexicanas y proclamaron consignas en español, a la vez que los medios daban a conocer una versión en este idioma del himno de Estados Unidos.

Después de las marchas del 1 de mayo, una encuesta de Zogby Internacional reveló que 56 por ciento de los encuestados favorecían una propuesta migratoria más dura y sólo 28 por ciento apoyaban el plan más benévolo del Senado. Otra encuesta encargada por NBC News y *The Wall Street Journal* indicó que los hispanos (en su gran mayoría partidarios de la propuesta del Senado) prefieren a los demócratas en las elecciones del Congreso en un 55 por ciento frente a un 22 por ciento. Los resultados de las encuestas son volátiles, pero los legisladores prefieren estar del lado precavido, y la mayoría de sus electores siente inquietud ante «una invasión proveniente del sur».

Por lo tanto, el portavoz de la Cámara de Representantes, Dennis Hastert, ha prometido no llevar a votación una propuesta de ley migratoria a menos que la mayoría de los 231 congresistas republicanos apoyen los puntos que ésta incluye. Como no se ha alcanzado un consenso, la Cámara de Representantes y el Senado iniciaron este verano una serie de debates sobre el tema.

La más que probable incapacidad del Congreso de legislar en lo que se refiere al asunto migratorio causará más fricción entre el electorado estadounidense y los funcionarios de elección, mientras que el debate en torno a la inmigración —omitido hace dos años, cuando George W. Bush venció al demócrata John Kerry— será un tema central en las elecciones presidenciales de 2008.

Un día sin inmigrantes
se terminó de imprimir en agosto de 2006 en
Gráficas Monte Albán, S.A. de C.V.
Fracc. Agro Industrial La Cruz
El Marqués, Querétaro
México.